実践 ディベート入門

現代社会を生き抜く力が身につく

吉田あけみ 編著

ミネルヴァ書房

　　　　　　　　は　じ　め　に

　本書は，現代社会を生き抜くためのスキルの一つとしてのディベートの学び
を活性化するためのテキストです。ディベートを学ぶことによって，様々なス
キルが向上しますが，話す力にのみ関心が集まり他の力の効用についてはあま
り理解されていません。さらに，それらの効果を熟知しているにもかかわらず，
ディベートはなかなか難しくとっつきにくいので，授業などでの活用が困難で
あるとの声も聞きます。そこで，ディベートを楽しむためのテクニックや実践
に向けてのテキストを作りたいと考えました。
　大学においてディベートの授業を展開するためのテキストとして活用するこ
とを念頭に置いて執筆しましたが，中学・高校の授業にも対応でき，社会人に
も有用なものになったと考えています。大人の学び直しとして学校のみならず
病院や企業などでディベートに取り組む際の参考にもなり，ビジネススキルの
向上にも役立つと思われます。さらに，環境問題，医療問題，政治制度などの
論題を取り上げており，社会問題を様々な角度から捉え考える視点も身につく
ように工夫しています。実践例やワークシートをつけたことによって，初学者
や指導初心者にもご利用いただけます。
　本書は，序章，第Ⅰ部，第Ⅱ部，第Ⅲ部，終章からなっています。まず序章
で現代社会を生き抜くために，ディベート力を磨くことの効用を説明したのち
に，ディベートで身につく10の力として，1．聴く力　2．話す力　3．書く
力　4．情報収集力　5．論理的思考力　6．見通す力　7．選択力　8．問
題解決力　9．批判的思考力　10．チームワーク力を具体的に解説しています。
次に第Ⅰ部　ディベートのすすめでは，第1章　ディベートとは何かと題して，
ディベートの歴史や種類，ルール説明などをしています。第2章では，ディベー
トを楽しむために簡易ディベートの方法などを記しています。第Ⅱ部では，実
践力を養うために，まずは，第3章でモデルディベートを提示し，ディベート

の流れなどが理解できるようにしています。第4章では，本書のワークシートを用いた準備の仕方を解説しながら立論，質疑，反駁のそれぞれのパートの役割などを説明しています。続く第5章から第7章では，具体的に環境問題，医療問題，政治制度に関する論題について，ワークシートを使って立論を作り反駁を構築していく例を示しました。読者自らがそれらのテーマについて考えられると思います。第Ⅲ部ではディベート力を高めるための新聞の活用の方法を第8章で提示し，第9章では現実の社会において盛んにディベートが行われている実践の場である裁判・議会の流れや，それぞれの傍聴の具体的な仕方について説明しています。終章では第9章までで取り上げきれなかったその他の社会問題についても取り上げ，ディベートで社会問題を考えることの意義や方法についてまとめています。

　それぞれの章末には，学習課題を提示しており，また付録としてディベートワークシートや関連ホームページアドレスなどを載せていますので，これらを使って，初学者にもディベートを楽しんでもらえるものと考えています。

　本書を活用していただいて多くの方々にディベートの魅力を知っていただき，日常の会話や思考に役立てていただければ幸いです。

編著者　吉田あけみ

現代社会を生き抜く力が身につく
実践・ディベート入門

目　次

はじめに

序　章　現代社会を生き抜くために，ディベート力を磨く
　　　　──ディベートで身につく10の力 …………………………………… 1

1　ディベートで身につく力 1

（1）聴く力　1　　（2）話す力　2　　（3）書く力　3

（4）情報収集力　5　　（5）論理的思考力　6　　（6）見通す力　6

（7）選択力　7　　（8）問題解決力　8　　（9）批判的思考力　8

（10）チームワーク力　9

2　ディベートの効用 9

（1）まだまだあるディベートで身につく力　9

（2）ディベートスキルをもって社会に飛び立とう　10

学習課題　11

〈応援メッセージ〉ディベートとの出会い　12

第Ⅰ部　ディベートのすすめ

第1章　ディベートとは何か …………………………………………… 16

1　ディベートとは，を考える前に 16

（1）私たちが「議論」するとき　16　　（2）私たちが「議論」する目的　17

（3）「ディベート」する目的と定義　17　　（4）健全な社会と「ディベート」　18

2　「ディベート」の概要 19

（1）教育として行われる「ディベート」の特徴　19　　（2）試合の進め方　20

3　ディベートの試合空間 23

（1）選手と審判の物理的な立ち位置　23

（2）人数の構成と待ち時間（フォーマット）　24

4　ディベートにおけるコミュニケーションの特徴 25

（1）口頭によるコミュニケーションのみに限定　25

（2）言いたいこと・大事なことは先に言う　25

（3）話す項目に番号をつける（ナンバリング）　26
　　　（4）話す項目に表題をつける（ラベリング）　26
　　　（5）主張を述べた後に，根拠を述べる（Conclusion Comes First）　26
　　　（6）主張の根拠を裏付けるため「証拠資料」を引用する　27
 5　ディベートの試合における「立論」の役割　28
　　　（1）メリット／デメリットの説明を行う＆質疑に応答する　28
　　　（2）言葉の定義　29　　（3）プランの提示　29
　　　（4）メリット／デメリットの説明（メリット・デメリットの3要件）　30
 6　ディベートの試合における「質疑」の役割　32
　　　（1）相手と直接やりとりできる唯一の担当者　32
　　　（2）「質疑」の役割1：相手の立論の，不明な点や疑問点を確認する　32
　　　（3）「質疑」の役割2：相手の立論の弱点を審判に伝え，反駁につなげる　32
　　　（4）反論するのではなく理解や根拠を質問する　33
　　　（5）「質疑」「応答」で話されたことは「第一反駁」に活かす　33
　　　（6）時間の主導権は質疑をする側にある　33
　　　（7）「開かれた質問」と「閉じた質問」を使い分ける　34
 7　ディベートの試合における「第一反駁」の役割　34
　　　（1）相手の立論の主張や根拠に対し，根拠をつけて反対意見を言う　34
　　　（2）反論する方向性　35
 8　ディベートの試合における「第二反駁」の役割　37
　　　（1）ディベートの試合の中の最終結論を述べる　37
　　　（2）個々の争点に「決着をつける」（虫の目）　37
　　　（3）メリット・デメリット全体を「比較する」（鳥の目）　37
　　　（4）「遅すぎる議論」に注意　38
 9　判定：試合の終わりは始まりでもある「アフターディベート」　38
　　　（1）審判の判定・講評を聴く　38
　　　（2）レッツ・エンジョイ・ディベート！　39
　学習課題　39
　〈応援メッセージ〉「論題」を決めると見える未来　40

第2章　簡易ディベートから始めよう ……………………………… 41

1　ウォーミングアップ　41

（1）アイスブレイク　42　　（2）聞くことと話すことのトレーニング　43

2　問答ゲーム　46

（1）答えの基本的な話型　46　　（2）問答例　47

3　簡易ディベート　52

（1）問答ゲーム＋Ｑ（質疑・応答）　52

（2）問答ゲーム＋Ｑ（質疑・応答）＋反論　54

〈応援メッセージ〉自分の考えが変わる?!　58

第Ⅱ部　モデルで学び，実践してみよう

第3章　モデルディベートを体験してみよう
——高齢者の自動車運転免許返納の義務化について
……………………………… 60

1　論題解説
——「日本は高齢者の自動車運転免許の返納を義務化すべきである。是か非か」　60

（1）論題の背景　60　　（2）高齢者の定義　61

（3）現状の高齢者の免許に対する規制　61

（4）考えられるメリットとデメリット　61　　（5）みなさんに期待すること　62

2　シナリオディベートで試合をし，議論の流れを書いてみよう　62

（1）肯定側立論　63　　（2）否定側質疑　65　　（3）否定側立論　66

（4）肯定側質疑　68　　（5）否定側第一反駁（否定一反）　70

（6）肯定側第一反駁（肯定一反）　71　　（7）否定側第二反駁（否定二反）　72

（8）肯定側第二反駁（肯定二反）　73

3　判定・講評をしてみよう　75

（1）判定の概要　75　　（2）肯定側の議論　75　　（3）否定側の議論　76

（4）議論の評価　78

学習課題　78

〈応援メッセージ〉ディベートを始めるみなさんへ　79

第4章　ディベートの試合の準備をしよう
　　　　──ワークシートを用いて …………………………………… 80

1　立論の作り方　80

　（1）メリットの成立要件　80　（2）デメリットの成立要件　81

　（3）プランの提示　82　（4）ワークシートを用いた立論の書き方　83

2　質問の作り方　95

　（1）質問の役割　95　（2）準備や試合中の質問の立ち位置　96

　（3）ワークシートを用いた質問の書き方　97

3　応答の作り方　100

　（1）ワークシートを用いた応答の書き方　100

　（2）ワークシートを用いない応答の作り方　101

4　第一反駁の作り方　101

　（1）反駁の種類　101　（2）反駁の4拍子　102　（3）反駁のパターン　105

5　第二反駁の作り方　108

　（1）勝ち筋を示す　108　（2）争点に決着をつける　110

　（3）第二反駁の準備方法　111

〈応援メッセージ〉議論の難しさと楽しさ　115

第5章　環境問題を考える──小売店の深夜営業について ………… 116

1　論題解説

　　──「日本は，小売店の深夜営業を禁止すべきである。是か非か」　116

　（1）身近な「小売店」の「深夜営業」　116

　（2）「深夜営業」と「小売店」の仕組みと特徴　116

　（3）「深夜営業」と「小売店」の利点と欠点　117

　（4）「深夜営業」と「小売店」の定義　117

2　考えられるメリット　118

　（1）温室効果ガスの排出削減　118　（2）過重労働の解消　118

（3）犯罪の減少　119

　3　考えられるデメリット　119

　　（1）利益の減少　119　　（2）雇用機会の減少　120

　　（3）防犯機能・災害拠点機能の低下　120

　4　よりよい議論をするためのヒント　121

　5　ワークシートを用いてディベートをしてみよう　121

　　学習課題　143

　　〈応援メッセージ〉たくさんの気づきが得られるディベート　144

第6章　医療問題を考える──救急車の有料化について　146

　1　論題解説──「日本は救急車を有料化すべきである。是か非か」　146

　　（1）日本の救急車の出動件数　146

　　（2）「救急車が無料であること」の仕組みと特徴　146

　　（3）「救急車が無料であること」の利点と欠点　147

　　（4）「救急車の有料化」の定義　147

　2　考えられるメリット　147

　　（1）救急車の適正利用　147　　（2）税金の適正利用　148

　　（3）救急車到着までの時間の短縮　148

　3　考えられるデメリット　148

　　（1）病気の重症化　148　　（2）過剰なサービスの要求　149

　　（3）呼んだ人と患者間でのトラブル発生　149

　4　よりよい議論をするためのヒント　149

　5　ワークシートを用いてディベートをしてみよう　150

　　学習課題　172

　　〈応援メッセージ〉私が質疑を好きな理由　173

第7章　政治制度を考える──一院制について　174

　1　論題解説──「日本は国会を一院制にすべきである。是か非か」　174

　　（1）一院制論題を考える意義　174　　（2）「一院制」の定義　174

　　　　　　　　　　　　　　　　　　　　　　　　　　　　　目　次

　　（3）「二院制」の仕組みと特徴　175　　（4）「二院制」の利点と欠点　176
　2　考えられるメリット　177
　　（1）審議の迅速化／必要な政策の実現　177　　（2）政権の安定化　178
　　（3）責任の明確化　178　　（4）コストの削減　179
　3　考えられるデメリット　179
　　（1）法律の質の低下　179　　（2）世論形成の機会の喪失　179
　　（3）与党の暴走を止められなくなる　180　　（4）政府の監視機能の喪失　180
　4　よりよい議論をするためのヒント　180
　5　ワークシートを用いてディベートをしてみよう　181
　学習課題　203
　〈応援メッセージ〉実験室としてのディベート　203

　　　　　　　　　　　第Ⅲ部　ディベートに活用してみよう

第8章　論題の理解を深めよう
　　　　　──新聞記事を活用し，身近な課題を考えよう　……………206
　1　記事を探す　206
　2　論題の理解を深める　207
　　（1）「新聞記事活用シート」の記入をしてみよう　207
　　（2）「新聞記事活用シート」を作成しよう　215
　3　「新聞記事活用シート」を共有する　215
　学習課題　215
　〈応援メッセージ〉ディベートの奥深さを知ろう／新聞記事を活用するにあたって　216

第9章　ディベートを聴きに行こう
　　　　　──裁判・議会傍聴をしてみよう　………………………………217
　1　裁判傍聴の楽しみ方　217
　　（1）裁判を傍聴するには　217　　（2）いつ行けばよいか　218

　　　　　　　　　　　　　　　　　　　　　　　　　　　　　　　　　ix

（3）服装や持ち物はどうしたらよいか 218　（4）いよいよ傍聴です 219
　　　（5）裁判とディベート 221
　　2　議会傍聴の仕方 222
　　　（1）議会を傍聴するには 222　（2）国会の場合 222
　　　（3）地方議会の場合 222　（4）注意すること 223
　　　（5）議会とディベート 223
　　演習問題 224
　　〈応援メッセージ〉司法とディベート 224

終　章　ディベートで考える社会問題 …………………………… 227

　　1　社会問題を考察する意義 227
　　　（1）社会問題とその考察に必要な視点 227　（2）無関心のリスク 228
　　　（3）意見構築の重要性 229
　　2　自分の意見構築をするために──積極的安楽死の是非について 230
　　　（1）ディベートスキルを取り入れた考察 230
　　　（2）暫定的な結論を出す 231　（3）争点を発見する 232
　　　（4）問題の構造を分析する 233　（5）意見を構築する 235
　　　（6）主観的な価値観の重視 236
　　3　より良い発展のために 237
　　学習課題 238
　　〈応援メッセージ〉ディベート受講生に託す夢 239

付録　ディベートワークシート 241
おわりに 261
索　引 263

序　章

現代社会を生き抜くために，ディベート力を磨く
──ディベートで身につく10の力

　　　　　　ディベートでは様々な力が身につきます。現代社会のビジネスの場面で要求されるスキルが身につくことはもちろんですが，ビジネスの場面にかかわらず，友人や家族などの周りの人々との意思疎通や趣味の活動における意思決定など，現代社会をよりよく生きていくために必要な力が知らず知らずに身についていきます。それらの力について，本章で具体的に解説していきます。

1　ディベートで身につく力

（1）聴く力

　まずはじめに，聴く力についてです。ディベートと言えば話す力だろうと想像する方が多いと思われますが，まずは聴く力です。ディベートは，その論題について，肯定側否定側がそれぞれ立論を述べたのちに反駁をし，また反駁されたことに対して再反駁して，自分たちの主張を守っていく知的なゲームです。ですから，自分たちの立論がどんなに優れていたとしても，相手の主張に耳を傾け，相手の主張のほころびを見つけ出し，反駁していかなければならないですし，自分たちの主張に対してなされた反駁についてもその反駁の主旨などをしっかり聴き取り理解しなければ再反駁もできません。

　ディベートを嫌悪する方々の多くはこの点にあまり気づいておられないようです。自分勝手に自分たちの主張を言いたい放題言い合っているだけというような誤解があるのでしょう。そうではなく，相手の言い分をしっかりと聴き理解し，そのうえで反駁していかなければならないので，聴く力が大変求められ，また，ディベートを続けることによって，まさに傾聴力が身につくのです。相手の主張に耳を傾けることは日常生活やビジネスの場面においても大変重要で

あり，それらの力がディベートをすることによって，知らず知らずのうちに身についてくるのです。

　相手の主張に論理の飛躍がないかどうかについても注視しなければならないですが，単純に例示された数字などについてもきちんと聴き取る必要があります。すごく集中していなければ完全に聴き取ることは難しいです。よって集中力も必然的に向上してくるわけです。

　大学生になりますと，高校生のころと違って，90分の授業を集中して聴かなければなりません。ディベート経験者達はそれほど問題なく，授業に集中できているようですのでこれもディベート経験のたまものではないかと思われます。

（2）話す力

　これは言わずと知れて，ディベートと言えばだれもがイメージする力でしょう。自分の主張を相手に審判にきちんと伝えていくためには，思いをしっかりと話していかなければなりません。滑舌ももちろん重要要素ですし，声の大小，抑揚など相手が聴き取りやすいように，しっかりと間合いをもって伝えることも大事です。声は大きいのだけれど大きすぎて中身がなかなか伝わってこなかったり，内容の組み立てが分かりにくく，何が言いたいのかよく分からなかったりという人もいます。ディベートは，コミュニケーションの責任は話し手にあるとされているので，それで審判にうまく伝わらないのではよろしくありません。よって，話し方や話す声のトーンだったりと様々な話すことにかかわる要素を吟味する必要があります。モデルディベートを読むだけでも，優秀なディベーターたちは，しっかりと読み込み，何度も練習しています。相手特に審判がフローシートをきちんと書けているかどうか，自分がフローシートを書くときの経験からしてどこを強調して話すか，どこで区切りを入れるか，どこをどこまで繰り返すかということなども確認していく必要があります。よく審判の目を見て，審判にきちんと伝わっているかどうか確かめながら話すようにという指導がなされますが，言うは易しでなかなかこれが難しいところではあります。しかし，そういったことを常に意識しながら話すということはとても大事なことです。

相手や審判がいてこそのディベートです。独りよがりに言いたいことを言っていると思われがちなディベートのイメージとは全く逆で，相手や審判を思い，審判の状況を気にかけ，自分たちの主張をきちんと伝えられるように話すことに気を配るべきです。その結果，相手に伝わるように話す力が身についてきます。これは，日常の場面でももちろんですが，ビジネスの場面でも大いに必要とされる力でしょう。特に営業などの職種においては，客のニーズや興味を踏まえたうえで，自社のアピールポイントを伝えていかなければならず，ただ単にアピールポイントをまくしたてていけばいいというものではありません。そういった意味においても，ディベートはビジネススキルの向上に役立つと思われます。

　ディベートによって，自分の思いや主張を堂々と人前で分かりやすく相手に向けて話す力がついてくるということです。

（3）書く力

　書く力には二種類あります。一つは相手の言っていることを書き取る力，すなわち相手の主張の要点を理解し，素早くメモする力です。もう一つの書く力は，レポートや論文，手紙など自分の主張を文字化する力です。ディベートにおいてはこの両方を培うことができます。

　まず，相手の言っていることを書き取る力についてですが，当然ディベートの場合は，相手も時間を気にしてかなりのスピードで話すわけですので，それを瞬時にメモしていく力が試されます。言っていることをすべて書き取ることは筆記者でもない限り難しいので，要点を書き取っていくことになります。よって，まずはしっかりと聴いたうえで，要点をつかむ力も試されます。この要点をつかむ力，要約力は大変難しいものですが，フローシートを書き慣れてきますと，これらの力も向上してきます。相手の主張を要約しつつ，正確に書き取っていくことが重要になります。それも適当に書いていけばいいわけではなく，あとで話の流れがわかるようにフローシートのしかるべき位置にきちんとメモをしていく必要があります。そのためには略語を使ったり記号や矢印を使ったりの工夫もいります。これらの力が身につけば，大学でのノート取りがとても

楽になります。高校までは板書を写して，ノートを取ったとしている場合もありますが，それとは違い，大学の講義の多くは教員が説明していることをメモしていかなければなりません。慣れないと結構難しい作業で，書くことに気を取られていると，話の流れが見えなくなってしまうこともありますが，ディベーターたちは，慣れたもので苦もなくこの作業をしています。また社会人になれば，仕事の手順だったり，先輩の説明だったり，取引先の要望だったりをメモしなければならない機会が多いです。そういったときにも相手を待たせることなく，スピーディーに正確に書き取る力は大変役に立ちます。

　もう一つの書く力は，自分の意見や思い，主張を文字化言語化していく力です。ディベートではまず立論を書かなければなりません。そのためにはこの後説明する情報収集力や論理的な思考力など様々な力が必要とされますが，それらの力を駆使して，立論を書き上げていかなければなりません。大学生になると授業毎のミニレポートだったり，定期末レポートだったり，卒業論文など，数多くの文章を書かなければなりません。が，これもディベーターたちは楽々とこなしているようです。立論を書く時と同じ感覚で言葉を紡いでいます。社会人になった後も，仕様書や企画書など，あるいはメールでの連絡など文章を書く機会が多いでしょう。慣れないと短い文章を書くのにも手間暇がかかりますし，またなかなか相手に伝わりやすい文章を書くことは難しいです。ディベートの場合には，限られた時間内で伝えたいことを正確に盛り込まなければならないので，分かりやすい文章を書くことを心掛けたり，ラベリングやナンバリングをすることによって，より正確に伝える努力を常にしています。それらのトレーニングはビジネス文書の作成の際にも大いに役に立ちます。

　スピーチをする際に何も見ないで話す方がかっこいいかのような思い込みがあるようですが，実際にきちんとしたスピーチをするためには，相手にきちんと思いを届けるために話の構成や分かりやすさを考えて，原稿を書いておくことが必要です。ディベートでは立論だけでなく，反駁についてもある程度反駁原稿も用意して，試合に臨んでいます。何事も準備が大変大事であるということでしょう。しっかりと書き込んで準備して試合に臨むことによって，結果がついてきます。準備で結果の8割は決まってくると言われたりすることの所以

でしょう。

（4）情報収集力

　前もって，論題が発表されている形のディベートは，論題が発表されたら，その論題を理解するところから戦いが始まります。まずは，その論題に関する情報を徹底的に集める必要があります。今はインターネットが普及し，情報を集めるための物理的な労力はかなり省力化されてきていますが，かつては，論題が発表されると同時に，図書館に走り，皆で手分けして書籍を借り，読み込んだものです。情報を集めるだけでなく，その情報を理解する力も必要になってくるからです。論題を理解すればするほど，新たな疑問がわいてきたり，次なる証拠が必要となってきます。それらに対応するために次から次に情報を収集する必要があます。インターネットが普及したといっても，ネット上には信憑性のない情報もまぎれていますので，そのようなたくさんの情報の中から正確な情報を取捨選択していく力も必要になってきます。ディベートで論を立てる際には，証拠の有無や証拠の精度，証拠の新しさなどにも注意する必要があります。そのようなエビデンス（証拠資料）を探すという戦いが日夜続きます。かつては，ディベーターの間で，エビ釣りに行くと言って，図書館へ出かけていくことが常態化していました。

　大学の授業などでそれまで説明してきたことに関してディベートをした際にあまりにも伝わっていなかったことに愕然とすることがあります。なんとなく理解しているようでいても，いざディベートを戦うということになりますと，しっかりと細部にわたって，関連情報を理解しておかなければなりません。よって，ディベートをすると，その論題に関してはかなりの情報通になることができます。その一方で，日ごろの情報量がものをいう場合もあります。前もって論題が発表されている形のディベートであれば，事前の情報収集で何とか戦えると思うかもしれませんが，相手チームの手の内がわからない場合には，思わぬ論点がでてくることもあります。そういったときには，日ごろの情報量がものをいうことになります。

　このように，ディベートには，情報収集力，情報理解力，情報選択力が求め

5

られます。まさに情報リテラシーが大切であるということです。逆に言えば，ディベートをすることによってそれらの力が身につくということです。現代社会は情報量が膨大な社会です。現代社会をより良く生きていくためには，情報を効率的に集め，それをしっかりと理解し，活用していくことが求められています。フェイクニュースが氾濫している現代社会においては，この情報リテラシーはとても大きな武器になります。ビジネス場面のみならず，日々の生活を楽しむためにも重要な能力です。これらの力をディベートによって，身につけることができれば，生活を倍エンジョイできるのではないでしょうか。

（5）論理的思考力
　論理的にものごとを考えることはとても大切です。しかし，日々の生活の中においてそれを自然に行うことはなかなか難しいです。ディベートの場合は，自分たちの論を立てる場合に，それがとても大切なことであると同時に相手の論理の破綻を見抜くことも大切ですので，常に論理的に物事を考える姿勢が身につきます。
　レポートや小論文を書く際にもそれらの思考力が問われますが，ただたくさんレポートを書けば身につくというものでもありません。常に話の根幹を意識して，論理展開や論理の飛躍がないかというようなことを気にかける必要があります。ディベートではまずはリンクマップを書くことなどによって，ブレーンストーミングを形にするとともに，その話の流れを意識し，飛躍があればその間を埋める作業をしたり，その証拠を探していきます。これらを繰り返すことによって，常日頃から論理的に考えるという思考が醸成されていくわけです。

（6）見通す力
　ディベートでは，自らが放った言葉が後々効いてくることがよくあります。言ってみれば自分の言葉に責任をもつ必要があるということですが，そのためには先を見通す力が必要になります。将棋などにおいても，強い棋士は何手も先を読んでいると言われます。ディベートも同様で，今ここでこの証拠を出してこの主張をした結果が次にどのような展開になる可能性があるかということ

を常に見通しておく必要があります。ディベートでは，虫の目と鳥の目が必要であると言われたりしますが，まさに鳥の目でもって，しっかりと先々までも俯瞰してとらえておくべきだということでしょう。

この先々まで見通す力は，社会に出てからも大変必要とされます。目の前のことに気を取られて，先々のことを考えずに行動することは危険です。先々まで見通す力を意識することはとても重要です。目先のことのみに気を取られ，先々のことをないがしろにしてしまうことはよくないことです。目の前のことを着実にこなしていけば，いつかその道に通じるということもありますが，やはり先々まで見通す力も大切でしょう。

(7) 選択力

現代社会は選択の連続です。何を食べ，何を着て，どこに住み，何を学ぶかなどライフコースは多岐に用意されていて，自由です。しかし，その自由は逆に不自由でもあります。つまり常に選択しなければ先に進めません。ラーメン一つ食べるにしても麺の太さからスープのだしの種類からトッピングまで選択しないことには食べられなかったりします。しかもその際にどれを選ぶと経済的なコストがどのくらいかかり，どれを選ぶと時間的なコストが跳ね上がるというような，様々な情報を理解して選択していかなければ，ラーメンを食べることさえできなかったりします。しかもそのために用意されている時間はそれほど長くはありません。ある程度制約のある中で瞬時に選択していかなければなりません。ディベートは時間制限があるゲームですので，常に時間を意識します。その時間的な制約がある中で，どの反駁が一番有効であるかということを判断し，実行していきます。まさに選択と実行の連続であると言えるでしょう。その判断力が必然的に身についてくることになります。何事も訓練ですので，日々ディベートを経験する中において，瞬時の判断力も培われていきます。

現代社会においては，自己決定，自己責任が求められます。例えば自身の病気治療に関してなどの治療方針も自己決定を求められたりします。それもそれなりに時間的な制約の下でです。より良い選択，自分の納得のいく選択をするためには，常に選択を意識しておく必要があります。これらの選択力がディベー

トでは養われます。

（8）問題解決力
　現代社会においては，目の前の問題を常に解決して前に進んでいくことが求められます。ディベートの論題の多くは，現代社会において課題として取り上げられているものであり，ディベートは，その課題を皆の英知で解決していくための思考を鍛えていくものです。社会の問題，個人の問題の本質を見極め，その課題解決のためのあらゆる可能性を多角的に検討していくことが大切です。多角的な思考力が試されるわけです。
　問題を解決するためには，問題の所在を整理し，その解決の可能性をあらゆる角度から検討したうえで，より多くの人にとって，より良い解決策を探る必要があります。個人的な問題や会社で発生した問題などについても同様です。さらにディベートの論題の多くは，現代社会の諸問題を扱っていますので，諸問題に対する感度も上がり，またその問題を解決するための思考も鍛えられます。

（9）批判的思考力
　ディベートのイメージとして，何でもかんでも反対して，素直じゃない子が育つというものがありますが，むしろ，そういった批判的な思考力こそ，現代社会においては大切ではないでしょうか。物事は多面的であり，立場によっては見え方も違ってきます。世の中の言説がすべて正しいわけでなく，正しいとすればなぜ正しいのか，正しくないとすればどこが間違っているのかなど，常に疑いの目をもって，批判的に世の中や物事を眺めることは大事です。いわゆる社会学的な思考力が問われるわけですが，それはなかなか難しいものです。例えば自然現象であればある程度客観的に見つめることもできるでしょう。あるいは歴史的な出来事についても，現代のことではないので，時間という距離をもって対峙することもできるかもしれません。また，他の地域・国々に関することであれば文化人類学的な視点でかなり客観的に観察することができます。しかしながら，現代社会において今目の前で起きている現象について，客観的

批判的に見つめることはとても難しいです。なぜならば様々な思い込み（アンコンシャス・バイアス）から自由になりにくいということがあるからです。ディベートの場合には，肯定側否定側のどちらにも立つ可能性がありますので，両者の立場から多角的・多面的に論題を検討することができますし，当然相手の論を論破しなければなりませんので，批判的な思考力も身につくことになります。虫の目で小さな疑問を見つけ出し，解決していくこともできます。

(10) チームワーク力

　ディベートは多くの場合個人プレーではなく，チームワークで試合を戦います。そのことによって，必然的にチームワークが身につくことになります。互いに連携していないといけません。うまく質問をしておいてくれれば，それを反駁につなげることもできますが，一方で，連携がうまくいかなければ，オウンゴールになってしまうこともあります。また，第一反駁で触れておいてくれないと，どんなに第二反駁でがんばったとしても，審判の評価にはつながりません。選手として出場しているメンバー間のみでなく，その他のチームメイトの力も大変大きいものがあります。資料収集を手伝ったり，資料整理をしたり，他チームの情報収集のためにフローシートを取ったり，違った観点からのアイディアを出したりと，皆の力が必要です。

　社会に出れば当然チームワークが必要になってきます。どんな仕事でもチームワークは大切ですが，医療の現場や社会福祉の現場では，特に重要とされています。様々な職種の人たちの協力のもとに医療や社会福祉は提供されていますので，それらのチームワークの向上のために，医学部や社会福祉学部，病院や社会福祉施設などで，学生や職員の研修としてディベートを取り入れているところもあります。

2　ディベートの効用

(1) まだまだあるディベートで身につく力

　これらディベートで身につく力について主だった10の力について書いてきま

したが，その他にもまだまだたくさんの力が身につきます。（4）情報収集力とも関係する力ですが，言い換えますと読む力が身につくということです。情報収集するために証拠資料を集めるだけでなく，それらを理解していかなければなりません。ですから，膨大な論文や資料を読むことになります。必然的に読むスピードも理解力も向上しますし，普段の生活ではあまり読むことのない論文などの書式にも精通していくことになります。この他にも（7）選択力で触れた時間管理能力などもあげられます。ディベートは時間が厳密に制限管理されていますので，タイムアウト後の発言は審判は一切評価しません。英語ディベートはタイムアウトの時に発言していた文章が途切れるまではOKというルールのようですが，基本的に日本語ディベートの場合には，一切タイムアウト後の発言はなかったことになります。ですから，どんなに多くの資料を集め，しっかり準備をしていたとしても時間内に発言しなければなかったことになってしまうということです。よって常日ごろから時間をきちんと意識して，時間内にことを進めていく力が身についていきます。ディベート慣れしている人たちは，腹時計があるのかと思うぐらいに自分の担当ステージの時間がおおよそカウントできる人もいます。ただしこれらは一朝一夕に身につくというものではありません。ゲーム感覚でディベートを常に楽しむことによって，結果として身についてくるものです。ディベートはやはり結構難しく面倒臭く思うこともあるかと思います。が，続けているうちに知らず知らずのうちにこれらの力が向上し，自分の可能性が広がっていきます。

　読み書きそろばんが基礎学力と言われた時代がありますが，現代社会では多様な価値観の人たちが集まっているわけですから，読み書き話すことが基礎的な力と言えるのではないでしょうか。読み取り，書けて，さらに自分の意見や主張を相手に話していく伝えていくことが大切だと言えるでしょう。それらの力は今まで述べてきましたようにディベートで身につけることができます。

（2）ディベートスキルをもって社会に飛び立とう
　また，現代社会は多様な価値観の人たちが集まっているわけですからそれぞれの多様な価値観を認め合ったうえでしっかりとコミュニケーションを取って

序　章　現代社会を生き抜くために，ディベート力を磨く

いく必要があります。多様な価値観を認めるということについては，まさにディベートは肯定否定両方の立場を取るため，他者理解に役立つと思われます。また，聴く力，話す力を向上させることができるので，コミュニケーション能力の向上に大いに役立つことでしょう。このように，複雑で多様な現代社会を生き抜くための力がディベートには備わっています。みなさんもこれらの学びを糧にして，より良い自分の未来や未来社会を築いていってください。また，ディベートは相手を言い負かすゲームではなく，審判を納得させるゲームですので，対人的な力も必然的に身についてきます。そういう意味においてもコミュニケーション能力の向上に役立つといえるでしょう。ディベーターとしてディベートを経験するだけでなく，審判を経験することにより，聴く力は格段に向上しますので，審判を経験することもお勧めします。

　様々なディベートの効用について述べてきましたが，それでは実際のディベートはどのようにやったらいいのかという疑問がわいてこられたことと思います。次章から，ディベートの概略やルールについて解説を読んだうえで，簡単なディベートを経験してみてください。そののちに具体的にモデルディベートを見たり，体験してみてください。そして，ワークシートを使っての解説から，自分たち自身で立論や反駁原稿を書いてみましょう。現代の社会問題を取りあげ，その論題解説もつけていますので，興味をもって取り組んでいただけるものと思います。その後に，新聞記事を活用していただく方法，裁判や議会傍聴の仕方などの説明も載せていますので，皆でフィールドに出かけて，生のディベートにも触れてみてください。最後にその他の多くの社会問題を挙げていますので，それらの中から自分たちで興味のある論題を選んで，問題を掘り下げていってください。それらを成したころには，きっと本章で説明した様々な力が身についていることでしょう。ちょっと難しいディベートの旅ですが，どうぞ友達や学友と一緒にディベートの旅を楽しんでください。

学習課題
1　ディベートであなたが特に身につけたいと思っている力は何ですか。また，そ

の力を特に身につけたいと思っている理由を書いてみましょう。

2　その力を身につけるためには，ディベートの中でも特にどの部分を意識的に訓練する必要があるか考えてみましょう。

引用・参考文献
鈴木勉（2006）『図解雑学ディベート』ナツメ社。
全国教室ディベート連盟『ディベート甲子園スタートブック』ダウンロード版。
全国教室ディベート連盟東海支部『ディベートで学ぶエネルギー問題』DVD教材。
瀧本哲史（2011）『僕は君たちに武器を配りたい』講談社。
松本茂・河野哲也（2015）『大学生のための読む書くプレゼンディベートの方法』改訂第二版，玉川大学出版会。

〈応援メッセージ〉
ディベートとの出会い

　私は，アサーション（相互尊重の自己主張）トレーニングの研究会でご一緒した人から，社会人ディベートの研究会を紹介していただき，参加するようになったことからディベートに引きこまれていきました。私自身やはりディベートと言えば，話す力が身につくぐらいの認識だったわけですが，参加してみるとそんなイメージは払拭されました。第9章担当の元中学校教諭の山田和美先生から，研究授業でディベートをした際に，生徒たちが一人残らずフローシートを書けていることに見学の先生方が驚かれたというエピソードを聞き，話す力だけでなく聴く力や書く力の向上にもつながることを実感しました。

　他にも，様々な場面で本章で紹介した力が発揮されていることを目の当たりにしてうれしく思ったことがあります。高校生ディベーターのOBが，大会運営をスタッフとして手伝ってくれていた時のことです。閉会式会場のマイクの調子が良くなく，聴き取りにくい状況になっていました。私は開始までの時間がせまっていることもあり，聴き取れないわけではないので，そのまま続行しようと思っていました。その時そのスタッフが，残り時間を私に確認し，それまでにできることを何とかトライすると言ってくれたのです。その結果，完璧とまではいかなかったのですが，以前より格段に改善された音響状況で閉会式を迎えることができました。まさに時間管理能力と，選択力を発揮し，問題解決をはかってくれたわけです。

　ディベートは確かに難しくとっつきにくいので，初めは敬遠されがちですが，ひ

序　章　現代社会を生き抜くために，ディベート力を磨く

とたびルールなどを理解し，勝負の厳しさ・楽しさを知ればとても生活を豊かにしてくれるツールだと思います。多くの方々がいろいろな論題でいろいろな人々とディベートを楽しんでほしいと考えています。

(吉田あけみ)

第Ⅰ部

ディベートのすすめ

　序章では，ディベートの効用を学んできました。続く第Ⅰ部では，ディベートの歴史や構成について理解したのちに，簡単なディベートをしてみましょう。簡易ディベートでディベートの楽しさをぜひ味わってください。

第Ⅰ部　ディベートのすすめ

第1章
ディベートとは何か

　「議論の文化をつくる」べく1996年に第1回全国中学・高校ディベート選手権（ディベート甲子園）が産声をあげ，2025年には第30回大会を迎えます。

　他方，テレビやネット番組，ライブイベントなどで「ディベート」と称した企画が増えました。相手を言い負かす「論破」をする場面は見応えがあり，痛快でもあります。

　しかし，本書で提唱するディベート甲子園ルールに準じたディベート（競技ディベート）は「論破」が目的ではありません。その違いは「論題の設定」「議論の進行」「議論の目的」に特徴があります。本章では，その試合形式やルールなどを紹介します。

1　ディベートとは，を考える前に

（1）私たちが「議論」するとき

　「ディベート」について知る前に，まずは議論（話し合い）をする目的から考えてみましょう。いきなりですが，思い浮かべてみてください。あなたは，これまでに，どんなことで，どんな議論（話し合い）を経験しましたか。

　議論は，一人では成立しないはずです。少なくとも，あなた以外の誰かと双方向で言葉を交わすことで議論（話し合い）をしているのではないでしょうか（言葉だけでなく，画像，グラフ，文献資料などを使うこともできます）。

　友人同士で話し合うこともあれば，一緒に住んでいる人に何かをお願いする話し合いもあるでしょう。学校であれば，学級会だけでなく各教科の授業の中でも話し合いをする活動が増えているかもしれません。

　繰り返しますが，そこにはあなた以外の誰かがいて，双方向で言葉を交わしているはずです。一方的に話している場合は「講演」か「説教」か「演説」か，はたまた「独り言」といったものです。

（2）私たちが「議論」する目的

「誰と」「どんな」議論をするのかによって，話し合いをする目的や着地点が変わるはずです。例えば，友人同士の議論ならば，休日などの過ごし方を話し合うこともあれば，なんとなく雑談をすることもあります。一緒に住んでいる人との議論では，将来の生き方や生活のルールを話し合うこともあれば，必要なものを購入するかどうかの交渉をすることもあります。学校であれば，行事の出し物やルールを話し合うこともあれば，ある題材について意見を出し合うこともあります。

「結論を出さなくてもいい，意見や考え方の比べ合い」「何かの行動や活動を決めるための，意見の出し合い」「自分以外のだれかの行動を促したり，必要なものを交渉したりするための話し合い」など，様々な目的で「議論」を経験しているのではないでしょうか。

「誰と」「どんな」議論をするかによって，結論を出すことが目的になる場合もあれば，そうでない場合もあります。特に，結論を出すこと（意思決定）が目的となる議論をする場合，あなたが一方的に主張を述べるだけでなく，あなた以外の人の主張もよく聴くことが求められるのではないでしょうか。

知り合い同士の議論ならば，相手の考え方や，体験していること，知識などが分かっている場合もあります。社会は「あなた」と「あなた以外の多くの誰か」によって形成されているため，時と場合によっては，より丁寧な説明が求められる場合もあります。

（3）「ディベート」する目的と定義

誰もがインターネットで自分の主張を発信できるようになった現代では，いつでも，どこでも「議論」に参加できるようになりました。ただ「ディベート」については「議論をすること」「話し合いをすること」「討論すること」なのだとわかっていても，確たるイメージをもっている人は意外に少ないかもしれません。一般的に「ディベート」とは以下の三つの要素をともなった「議論」だと考えられています。

①ある特定のテーマの是非について議論する
②二つの異なる立場のグループが賛成・反対に分かれて議論する
③第三者を説得する形で議論する

　本書では，ここから先の「ディベート」について，特に説明がない場合はこの三つの要素をともなう議論であると定義します。

（4）健全な社会と「ディベート」

　こうした（3）の①②③の要素をもった形式の「ディベート」は実社会でも頻繁に行われています。一番わかりやすいのは裁判です。検察官・弁護人，もしくは原告・被告に別れて，裁判官を説得します。2009年5月21日からは，裁判員制度により，専門家としての裁判官だけでなく一般市民から選ばれた裁判員が，裁判官と一緒に検察官・弁護人の主張や証拠をもとに刑事裁判の判決を意思決定するようになりました。詳しくは本書の第9章をご覧ください。

　他にも，日本の国会では総理大臣と野党の党首が論戦を行う「党首討論」が，国会審議の活性化を目的に，イギリスの議会制度で行われている党首討論を参考に2000年から本格的に導入されました。与党・野党の党首が政策について議論します。これも，最終的には選挙権を持つ第三者としての市民が，次回の選挙で国会議員の選出をするための投票の意思決定につながります。

　この世界は（少なくともこの日本は）生活の規則や事業のあり方や制度などを特定の人々だけが意思決定して，その他の大勢が無批判に従うような社会ではないはずです。ある一定のルールに基づいて議論をしながら，その結果を受けて，未来を意思決定する機会がある，そんな社会になっているはずです。

　しかし，前述のとおり，社会は「あなた」と「あなた以外の多くの誰か」によって，形成されています。それぞれ違う考え方や経験をしてきている人がいます。同じ言葉や説明を聴いたとしても，人によって受け取り方や感じ方が違うことが頻繁に発生します。

　この社会を生きるうえで，そんな違いを互いに認め合いながらも意見を交わしながら，納得できる意思決定をすることが大切です。政治や裁判だけでなく，

会社や組織などのチームで働くときも，地域生活や家庭生活を営むときも同じです。そのようなことを書いている筆者自身も，日々の生活で痛感しています。

2 「ディベート」の概要

(1) 教育として行われる「ディベート」の特徴

お待たせしました。ここから具体的な「ディベート」の話に入りましょう。

「競技ディベート」の大前提としては，提示された論題に対して異なった二つの立場に分かれて議論を行い，第三者である「審判」がその議論の勝敗を決める」ということです。

ディベートには，限られた時間の中で，互いの主張について根拠を交えながら提示し，反論を展開し，互いに立場の違いから生じる意見の違いを認め合いながら，第三者である「審判」が納得できる意思決定をできるよう，形式として以下の四つの特徴があります。

①第三者を説得する

ディベートの試合は，「肯定側」の選手・「否定側」の選手と試合の勝敗を決める「審判」の三者から成り立ちます。ディベートの試合における，選手の最大の目的は，議論を通じて「第三者である審判を説得する」ことです。「審判」がルールに基づき，双方が試合の中で発言した内容を比較して，勝敗を意思決定します。決して選手が「対戦相手を言い負かす」「異なる立場の相手を論破する」ゲームではありません。

②試合の直前まで，どちらの立場に立つのかわからない

公平を期すため，試合では「肯定側」「否定側」の割り振りはランダムで決められます。選手は自分が「肯定側」「否定側」どちらの立場になるのか，試合の直前まで分かりません。従って，試合に向けて準備する過程では，選手は個人的な主義・主張をいったん脇において考える必要があります。「肯定側」「否定側」の双方の主張やその根拠を考慮しつつ，より客観的な視点から話し合う

べきテーマと向き合うことになります（準備や調査の時間がない場合は，あらかじめ「肯定側」「否定側」の立場を決めておくこともあります）。

③一定のルールに沿って議論する

「誰が話すか」「何を話すか」という順番や制限時間が，ルールで定められています。原則として一人の選手がスピーチしている間は，他の選手がスピーチをすることはできません。

④理由・筋道をつけて主張する

試合の中で議論することは，丁寧に理由や筋道をつけ，正確に審判に伝え，納得してもらうことが求められます。選手自身の想いや主張だけでは説得力が弱いと考えられる場合は，根拠や理由づけとして，書籍・新聞・雑誌・学術論文などの文献や専門家の発言，調査データなどを証拠資料として引用することも有効です。

また，チームを組んで試合をする時は，互いに意思疎通をはかり，主張する内容に一貫性をもたせることも重要です。

（2）試合の進め方

ここからは，ディベートの試合が設定されるところから，選手が試合を行い，第三者の審判が判定を下すまでの過程を解説します。

①議論するテーマが設定される「論題」

まずは「論題」です。ディベートでは議論すべき「論題」が事前に設定されます。「論題」はおおまかにいうと表1-1の三つの「型」に分かれます。

本章では「政策論題」でディベートを行うための方法について記述していきます。選手は論題に対して賛成する「肯定側」と反対する「否定側」の二つの立場に別れ，審判を説得すべく交互に議論を展開します。

表1-1 ディベートの論題 三つの型

論題型	特徴	論題例
事実論題	「○○は××だ」など，ある事柄が事実なのかどうかを争う論題。	「邪馬台国は九州にあった。賛成か反対か」
価値論題	「○○は××よりも良い」など，価値観について主張する論題。	「イヌとネコ，ペットとして飼うならイヌの方が良い。賛成か反対か」
政策論題	「○○は××すべきである」というような，ある政策や行動を実施することは良いのか，悪いのかを主張する論題。	「日本は，首相公選制を導入すべきである。是か非か」 「○○大学は，学生食堂を24時間営業に変更すべきである。是か非か」

出所：筆者作成。

②肯定側はメリットを，否定側はデメリットを説明する「立論」

　論題で示された政策を採用するべきなのかどうか（是か非か）を，第三者である「審判」に意思決定してもらうための根拠として，肯定側は「メリット（政策を実現すると生じる良いこと）」を提示します。否定側は「デメリット（政策を実現すると生じる悪いこと）」を，それぞれ提示します。

　例えば，「日本は積極的安楽死を法的に認めるべきである」という論題ならば，

　　メリット　　：「不治の病からの解放」
　　デメリット：「自分の意志でない安楽死の増加」

といったように提示します。なぜ，そのメリット／デメリットが発生するのか，それがいかに重大なことかを述べることが求められます。

③双方が提示したメリット／デメリットに対して質問する「質疑」

　立論が説明されたすぐ後には，その内容について直接相手側から質問をすることができます。この質疑の時間だけは，審判に対して一方的に説明をするのではなく，相手に一対一で直接質問をして，回答を受けることができます。

④双方が提示したメリット・デメリットに対して反論・再反論をする「反駁」

　各チームは自分たちのメリット・デメリットを守りつつ，相手の議論に対し

反論・再反論を繰り返す「反駁」を行います。
　本書で具体例として紹介される「ディベート」では，反駁は各チーム交互に2回ずつ行う形式をとります。メリットやデメリットの説明に反論するだけではなく，最終的に「なぜ，自分たちの立場が優位なのか」を比較して説明することも行います。

⑤審判が勝敗を決定する「判定」
　すべてのスピーチが終わったら，第三者である審判はメリットとデメリットのどちらが大きく残ったのかを判断して，試合の勝敗を決定します。
　論題で示された政策を採用するべきなのかどうか（是か非か）を決める根拠として，肯定側が立論で「メリット（政策を実現すると生じる良いこと）」を提示しますが，反駁を受けてその大きさの受け止め方が変化します。反対に否定側が論題で示された政策を採用するべきなのかどうか（是か非か）を決める根拠として立論で説明された「デメリット（政策を実現すると生じる悪いこと）」も反駁の過程を経るうちに，その大きさの受け止め方が変化します。
　審判がその両者のメリット／デメリットの大きさを評価し，比較をして，メリットの方が大きいと判断すれば肯定側の勝利，デメリットの方が大きいと判断すれば否定側の勝利という判定を下します。
　審判はあくまでも試合の中のスピーチで話された議論だけに基づいて判定を行います。私的な見解や予備知識は考慮に入れないことが原則です。
　なお，「引き分け」という判定結果はありません。メリットとデメリットの大きさが同じであると評価した場合は，「あえてわざわざ新しい政策を導入する必要はない」とみなし，否定側の勝利と判定を下します（図1-1）。

⑥審判が勝敗を意思決定した理由を説明する「講評」
　審判が「肯定側の勝利」「否定側の勝利」を意思決定したら，肯定側の選手や否定側の選手，そしてその他の聴衆に対して以下の4項目を意識して説明します。

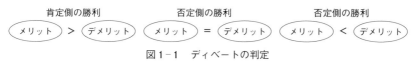

図1-1　ディベートの判定

出所：筆者作成。

ⅰ）ディベートの試合に取り組んだ選手をねぎらう
ⅱ）立論や質疑，反駁を通じてメリット／デメリットの大きさをどう評価したのか説明する
ⅲ）よりよい議論を行うにはどうすればよいか，改善点があれば説明する
ⅳ）最終的な判定として「肯定側の勝利」「否定側の勝利」のどちらに意思決定したかを説明する

　試合終了後の短時間の中で意思決定をして，上記の内容を説明する「審判」の役割はとても大変です。しかし「ディベート」の試合を通じて一番の学びを得ることができる役割でもあります。
　「審判」をする際には，ぜひ「判定」として勝敗の意思決定をするだけでなく「講評」を伝えることにも挑戦してみてください。
　また，試合をした選手にとっては「講評」を踏まえて，うまくいかなかったことや，伝わらなかった表現などを次に生かして改善することが，大きな学びにつながります。

3　ディベートの試合空間

（1）選手と審判の物理的な立ち位置

　基本的には，後述する質疑の時間以外は，すべてのスピーチは一人で論壇に上がり，審判の方を向いて行います（論壇に上がらず，その場でスピーチする形式もあります）。
　質疑やその応答は，質疑する人と応答する人の両者が同時に論壇に上がり，審判の方を向いて行います（図1-2）。

第Ⅰ部　ディベートのすすめ

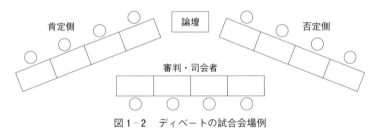

図1-2　ディベートの試合会場例

出所：筆者作成。

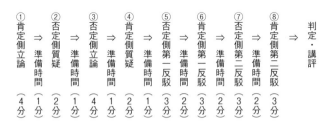

図1-3　ディベートのフォーマット例

出所：全国教室ディベート連盟『ディベート甲子園スタートブック』ダウンロード版, 2008年, https://nade.jp/learning/beginners/startbook/（2024年10月31日閲覧）をもとに筆者作成。

（2）人数の構成と持ち時間（フォーマット）

　ディベートでは，試合としての公平性を保つ目的から，各選手が議論をする順番・役割・持ち時間があらかじめ決められます。目的によって様々な形式が存在しますが，特に本書では，以下の形式を採用しています。

　①「肯定側」「否定側」はそれぞれ原則として「立論」「質疑」「第一反駁」「第二反駁」の各担当者1人，計4人で構成される。
　②質疑に対する応答は，立論を説明した選手が行う。
　③それぞれの持ち時間は，あらかじめ決められている。

　各スピーチの時間や順番（フォーマット）については，参考として，ディベートを初めて行う人にも推奨される「ディベート甲子園・中学の部」の例を紹介

します（図1-3）。それぞれの時間の長さは，短くすることも長くすることもできますが，原則として肯定側も否定側も，審判を説得するために話をする時間と準備時間を合計すると同じ長さになるように割り振ることが大切です。

　試合中は，肯定側や否定側のスピーチの要点を理解しながら進められるよう，フローシートにメモを取るとよいでしょう。

4　ディベートにおけるコミュニケーションの特徴

（1）口頭によるコミュニケーションのみに限定

　本書における「ディベート」は，すべて口頭によるコミュニケーションで進行することを想定しています。試合中はスピーチの時間も準備時間も審判に対して資料を配布したり，図や絵を示したりして説明するということは行われません。

　そのため，審判が聞き取れないようなスピードや声量で話したり，伝わりにくい説明をしたりすると，審判は理解することができず，その内容は議論として判定に考慮されなくなってしまいます。

　スピーチをする選手は，審判に伝わる声量・スピード・内容で伝えることを心がけます。話すスピードに気をつけながら，重要なことは繰り返したり，重要なことを述べる前には少し間をとったりしながら話す必要があります。審判に伝わっているかどうかを確認しながら話すことが大事です。

　コミュニケーションは受け止める相手に伝わることで，初めて成立します。そのため「ディベート」においては「コミュニケーションの責任」は，聴く側ではなく話す側にあるという大前提があります。いくら流暢にスピーチを述べることができたとしても，想定していた通りに主張や根拠が審判に伝わらなかった場合には，スピーチをした人の伝え方に問題があると考えます。

（2）言いたいこと・大事なことは先に言う

　日常的な会議や議論などの場では，制限時間の最後に強い影響をもつ主張や根拠を提示すると有効な時もあります。しかし，限られた時間の中，ディベー

トでは反論の機会を十分に確保するため，それは認められません。
　「言いたいことは先に言う」の原則のもとで，試合が進められます。立論で互いにメリットやデメリットに関する議論を出し合って，質疑や反駁の時間で確認や検証をするという構造になっています。

（3）話す項目に番号をつける（ナンバリング）

　限られた時間の中で聞き手である審判に対して内容を抜けなくもれなく伝えるために，複数ある話を並べて説明する時は「1点目〜，2点目〜，3点目〜」や「A〜，B〜，C〜」などと，番号をつけてスピーチをします。文章を書くときと同じく，項目に番号をつけておくことにより，審判にも相手にも分かりやすくなります。

（4）話す項目に表題をつける（ラベリング）

　それぞれの話に表題（ラベル）をつけて話します。特に「立論」のスピーチの中で行います。これから話す内容を端的に表した表題をつけます。表題は10文字程度で，難しい熟語を分かりやすく表現すると聞き手も理解しやすくなります。例えば「日本は救急車の利用を有料化すべきである。是か非か」という論題に対して，肯定側が「救急車が有料化になると，不適切に救急車を利用している人が利用しなくなる」というメリットを説明したいのであれば，表題として「不適切な利用の減少」と述べてから，内容に入っていくことで審判や聴衆に伝わりやすい話し方になります。

（5）主張を述べた後に，根拠を述べる（Conclusion Comes First）

　審判を説得するため，立論や反駁で主張することには必ず根拠をつけて話します。限られた時間の中で伝えなければならない「ディベート」では，主張を述べた後に根拠を説明するという順番で伝えることが推奨されています。なぜならば，話し言葉では，その順番の方が聞き手に伝わりやすいからです。
　日本語の日常的な会話では，先に理由（根拠）を話して，結論（主張）を後回しにする話し方が多いのですが，短い時間で多くの情報を聞くためには，先

表1-2 証拠資料として引用できる文献の例

一般書籍	出版されている本
研究論文	研究者の学術的な発表や研究成果
調査報告書	世論調査や実態調査，アンケートなど
政府刊行物	各省庁の発行する白書や青書など
新聞記事	新聞社が発行している記事やコラム
一般雑誌	総合的な大衆雑誌の記事やコラム
専門雑誌	特定分野に特化した専門誌の記事や研究成果
ネット記事	インターネット上に記載された文章

出所：筆者作成。

に結論を述べることで，その理由を追いかけながら聞く方が聞きやすくなります。

例えば「日本は救急車の利用を有料化すべきである。是か非か」という論題に対して「支払いが増えると利用者が減るので（根拠），救急車を有料化すると利用者が減ります（主張）。」と説明するより「救急車を有料化すると利用者が減ります（主張）。なぜならば，支払いが増えると利用者が減るからです（根拠）。」と，主張を先に述べ，根拠を後で説明された方が，何を言いたいかを聞く側が理解したうえで根拠を聞くことに集中することができます。

（6）主張の根拠を裏付けるため「証拠資料」を引用する

より説得力のある主張をするためには，その根拠に客観的な裏付けをすることが求められます。なぜならば「ディベート」で議論するみなさんは，その論題に付随する分野の専門家ではない人がほとんどだからです。

主張にともなう根拠を裏付けるために，証拠資料を「引用」することで，説得力を増すことができます。証拠資料として用いることができるものはたくさんありますが，表1-2はその一例です。

どの議論においても証拠資料を要する，というわけではありませんが，証拠資料を適切に用いると，より説得力のある主張を展開する議論ができます。

事実や統計，専門家の発言，研究成果などが証拠資料として利用できます。様々な文献をリサーチすることで，見識が広がり，双方の立場から出される主

張や根拠を試合前に認識することができます。
　証拠資料を引用するときには，以下のことに気をつけましょう。

　　○出典（題名・媒体名・著者・年月日など）を述べる
　　○「引用開始」「引用終了」を明確に述べる
　　○著者が書いた意図を変えたり，不適切な中略などをしない

　書籍や研究論文，調査データや記事などは，誰かが時間をかけて紡ぎ出した言葉かもしれません。専門家が様々な試行錯誤をしながら出した結論かもしれません。多くの予算が投じられた調査の末に浮かび上がった仮説かもしれません。
　その内容や結論を捻じ曲げるような引用をしたり，引用する際に出典を明確にしないで用いることはもってのほかです。先達の力を借りるという畏敬の念をもちながら議論することが大切です。
　また，その内容が一次情報なのか，二次情報なのかも確認する必要があります。「一次情報」とは直接の情報源です。例えば，歴史文書，インタビュー，調査書，実験，日記，記事，目撃者の談話などです。
　しかし，数多くの情報を得ることが比較的容易になった現在では，その内容が「二次情報」である可能性もあります。例えば，研究者，ジャーナリスト，編集者などにとどまらず，専門外の誰もが，一次情報について批評したり，洞察したり，集めたりすることで，独自の結論を導き出している内容である場合があります。書籍・論文や記事やニュースをまとめたWebサイトなどでは，別な媒体の一次情報を引用して記述されているものがあります。出典や脚注などをたどって，一次情報源の内容を確認するようにしましょう。

5　ディベートの試合における「立論」の役割

（1）メリット／デメリットの説明を行う＆質疑に応答する
　先述のとおり，ディベートではまずはじめに，論題で示された政策を採用す

るべきなのかどうか（是か非か）を，第三者である審判に意思決定してもらうための根拠として，肯定側立論の担当者は「メリット」を提示します。否定側立論の担当者は「デメリット」を提示し，それぞれ説明します。

　また，直後に相手側からの質疑を受けますので，質問された内容に応答することも求められます。ここからは，立論で説明する項目について解説します。

（2）言葉の定義

　一つ目の項目として，かみ合った議論を行うために，あいまいな言葉や，状況によって解釈が分かれそうな用語は，その意味を定義しておきます。例えば，論題が「日本は救急車を有料化すべきである。是か非か」であれば，「救急車」は医療用のものに限ると定義するとよいでしょう。なぜならば「救急車」には，カギや水道のトラブルに対応する「生活救急車」などもあるからです。互いに「救急車」と聞いて思い浮かべているものが違う場合は，議論がかみ合わなくなります。

　ただし，論題の付帯事項などで言葉が十分に定義されており，かみ合った議論ができると考えられる場合は，この項目は必要ありません。

　否定側は，肯定側が提示した言葉の定義に異議を唱えて別の定義を示すこともできます。ただし，時間が限られている中では，よほどの無理がある定義を示されない限りは「肯定側の示した定義に従う」と言い添えればよいでしょう。

（3）プランの提示

　二つ目に，一般的には論題の言葉の中で何らかの政策が示されていますが，多くの場合，そのままでは抽象的すぎて，聞き手が具体的な政策の内容を想定することは容易ではありません。そのため，肯定側は「プラン」を説明して，論題の政策を実現する場合の具体的な行動や条件を提示して補うことが求められます。

　例えば，上記の救急車有料化の論題で考えると「何年後に有料化を開始するのか」「利用料金はいくらか」といった具体的な内容です。

　一方，本書における「ディベート」では，否定側は肯定側が具体的に示した

プランから発生するデメリットを説明するので、否定側のプランは「現状を維持する」立場であることを表明するだけです。

(4) メリット／デメリットの説明（メリット・デメリットの3要件）

三つ目に、プランを実行することから生まれる「良いこと」がメリット、「悪いこと」がデメリットです。それを第三者である審判に伝えるためには、それぞれの次の三つの要件を示すことが必要です。

①現状維持の分析

なぜ、プランを導入しなければ、そのメリットあるいはデメリットは発生しないのか

②プラン導入後の分析

なぜ、プランを導入すれば、そのメリットあるいはデメリットが発生するのか

③重要性／深刻性の説明

なぜ、そのメリットが重要なことだと言えるのか／なぜ、そのデメリットが深刻なことだと言えるのか

ここでも、救急車有料化の論題を例にして紹介します。

● 「メリット」を説明するための三つの要件（新規発生型のメリット）

①現状維持の分析

なぜ、現状を維持してもメリットが無いのか

「救急車の利用は無料なので地方自治体の収入になることはない」

②プラン導入後の分析

なぜ、プランを導入するとメリットが発生するのか

「救急車の利用料が地方自治体の収入になり、医療体制が拡充され、命が救われる可能性が高まる」

③重要性の説明

なぜ、そのメリットが重要なのか

「生命は一度失われてしまったら取り返しがつかない」
の三つの理由付けに分けて説明する方法もあります。

● 「メリット」を説明するための三つの要件（問題解決型のメリット）
　①現状維持の分析
　　なぜ，現状を維持することが問題なのか
　　「救急車の利用は無料なのでタクシー代わりに利用する人がいるため，緊急時に出払ってしまっている」
　②プラン導入後の分析
　　なぜ，プランを導入すると問題が解決するのか
　　「救急車の利用を有料化するとタクシー代わりの利用がなくなり，出払うことが減って，命が救われる可能性が高まる」
　③重要性の説明
　　なぜ，その問題を解決することが重要なのか
　　「生命は一度失われてしまったら取り返しがつかない」
の三つの理由付けに分けて説明すると良いでしょう。

● 「デメリット」を説明するための三つの要件
　①現状維持の分析
　　なぜ，現状を維持するとデメリットが発生しないのか
　　「救急車の利用は無料なので，ためらわずに救急車を利用できている」
　②プラン導入後の分析
　　なぜ，プランを導入するとデメリットが発生するのか
　　「その時にお金を持っていない人がいたら救急車の利用をためらってしまうため，医療を受けるべき人が受けられない」
　③深刻性の説明
　　なぜ，そのデメリットが深刻なのか
　　「健康であることはお金に代えがたい価値がある」
の三つの理由付けに分けて説明します。

これらの三つの要件について，それぞれの主張に客観的な根拠を添えながら説明していきます。詳しくは，付録のワークシートを用いた第 4 章の解説や第 3 章のモデルディベートの章をご覧ください。

6　ディベートの試合における「質疑」の役割

(1) 相手と直接やりとりができる唯一の担当者

どちらかが「立論」を終えると，その後に相手からの「質疑」の時間が設定されています。

「ディベート」の四つのステージのうち，唯一，対戦相手と直接話すことができるのが「質疑」です。「質疑」の時間で相手に質問することで，次に行われる反駁をより効果的に行えるようにすることが重要です。「質疑」には，主に以下の二つの役割が求められます。

(2)「質疑」の役割 1：相手の立論の，不明な点や疑問点を確認する

一つ目は，相手の立論の聞き取れなかった点や，疑問に感じた点を確認することです。特に否定側は相手の定義やプランによってデメリットや反駁の方針が変わってくることも多いため，疑問点はそのままにせず，しっかりと確認することが大切です。

(3)「質疑」の役割 2：相手の立論の弱点を審判に伝え，反駁につなげる

二つ目は，相手の立論の主張や根拠に対して感じた疑問や違和感を確認することです。自分たちが知りたいことを確認すること以上に，「審判に相手の議論の弱点を明らかにして伝える」という役割が求められます。

相手のメリットやデメリットに関する主張について根拠があいまいなところがあれば，その根拠を問いただしましょう。話のつながりが飛躍しているところがあれば，その部分のつながりをもう一度聞いてみましょう。相手が応答に困るようなことがあれば，有効な反駁ができる点が明確になります。

（4）反論するのではなく理解や根拠を質問する

「質疑」を担当していると，ついつい自分たちの主張と矛盾している点や反論になってしまうような聞き方になってしまうことがあります。反論になってしまわないよう，質問の仕方に工夫が求められます。「なぜ○○なのですか？」と理由や根拠を質問する姿勢を徹底するとよいでしょう。

例えば，上記の救急車有料化の論題で考えると，肯定側が「重症ではない患者が救急車を利用しなくなるだろう」と，メリットについて主張したとします。そこに対して否定側は「人の生死がかかった緊急事態には，重症であるか否かを考えずに救急車をためらうことなく利用するだろう」という反論を「反駁」で行いたい時を考えてみましょう。

否定側は，質疑の際に「人の生死に関わりそうな緊急時ならば，重症であるかどうかを考えずに救急車を利用するはずだと思うのですが，いかがでしょうか？」と質問したとしましょう。するとそれに対して，肯定側は「そんなことはないです」と回答するしかなく，立場の違いや対立がより鮮明になってしまうだけです。

そこで「なぜ，重症かどうか一般の人は判断が難しいのに，生死に関わるかわからないような時であっても救急車を利用しなくなると言えるのですか？」と質問すると，肯定側は，その理由を説明することが求められます。相手の主張の根拠を掘り下げる質問をすることで，反論する糸口が見えることがあります。

（5）「質疑」「応答」で話されたことは「第一反駁」に活かす

一般に，相手から引き出した質疑の回答は，立論の一部として扱われます。ただし，相手の立論の証明を突き崩すような質疑ができたり，相手が応答に困るような質疑をしたりできたとしても，次の第一反駁の中で改めてそのことに言及しない限りは，審判の判定には考慮されないので，注意しましょう。

（6）時間の主導権は質疑をする側にある

相手の応答が必要以上に長くなっているときや，応答までに時間がかかって

しまう場合は，応答を途中で遮って次の質問に移ることが可能です。限られた時間の中で「質疑」「応答」のやりとりを行うので，一般的に「ディベート」を行う場合は時間の主導権は質疑をする側にあるという形式を採用しています。

（7）「開かれた質問」と「閉じた質問」を使い分ける

応答する相手が答えやすいような聞き方を意識することも大切です。一般的に，質問には「開かれた質問（回答する側が答える選択肢が広い質問）」と「閉じた質問（回答する側にとって選択肢が限られた質問）」があります。

「開かれた質問」には，回答する側も考えながら回答することになります。また，その後に掘り下げた質問をしていこうとすると，ここでもさらに考える時間が発生します。「開かれた質問」は，複数の人が自由に発言しながら探究する議論（ディスカッション）をする時や，自分たちで事前の準備をする拡散的思考をする出発点とするには，有効な問いの立て方と言えるでしょう。

しかし，ディベートの試合中は「Yes か No かでお答えください」「A か B のどちらですか」といったような「閉じた質問」も使い分けていきましょう。なぜならば，質問する時間には限りがあるからです。

7　ディベートの試合における「第一反駁」の役割

（1）相手の立論の主張や根拠に対し，根拠をつけて反対意見を言う

相手の立論の主張や根拠に対して，根拠をつけて否定するのが第一反駁の役割です。否定側第一反駁では，肯定側立論に反論します。肯定側第一反駁では，否定側立論に反論します。また，否定側第一反駁に対して再反論します。

なお，「言いたいことは先に言う」の原則がありますので「第一反駁」や後述の「第二反駁」の中で，自分たちの立論の時間内では述べられなかった新しいメリットやデメリットを提示しても「新しい議論（ニュー・アーギュメント：New Argument）」となり，判定には考慮されません。

また，質疑を通じて出てきた相手の立論の矛盾点や論理が飛躍しているところがあれば，それを指摘しないと質疑の内容は判定に考慮されず，無駄になっ

てしまいますので，チームの中での連携が求められます。

（2）反論する方向性
　では，どうやって相手の主張や根拠を否定するように審判に伝えればいいのでしょうか。ここからは，上記の救急車有料化の論題をもとに，反論する例を四つあげていきます。

①相手の主張の根拠を否定する「そんなことはありませんよ」
　相手の主張に直接反対意見を述べるのではなく，相手の主張の根拠を上回る根拠を持った主張をすることで，相手の主張を否定することができます。

肯定側の主張　「有料化すると，救急車の到着時間が早くなります」
　　　根拠　「なぜならば，タクシー代わりに利用する人がいなくなるからです」
　　　　　　↑（反駁）
否定側の主張　「有料化しても，救急車の到着時間は早くなりません」
　　　根拠　「なぜならば，交通渋滞が到着時間を遅くしているからです」
　　　結論　「したがって，メリットは発生しません」

②現状を維持してもメリットやデメリットが発生すると主張する「差がありませんよ」
　プランを導入せず，現状を維持したままでも立論で主張されたメリットやデメリットが発生することを指摘することも有効です。

否定側の主張　「有料化すると，救急車が利用されなくなります」
　　　根拠　「なぜならば，救急車を呼ぶお金を払えない人がいるからです」
　　　　　　↑（反駁）
肯定側の主張　「有料化しなくても，救急車が利用されていません」
　　　根拠　「なぜならば，そもそも救急車利用料以前に医療費が払えない

ので病院に行かないからです」
　　　結論　「したがって，デメリットは発生しません」

③主張と根拠がずれていると説明する「言いたいことの証明になっていませんよ」
　相手の主張したいことと根拠がずれていたり，根拠に対して主張が大きすぎたりしていることを指摘して，審判に伝えることができます。

否定側の主張　「有料化すると，国民の健康状態が悪化します」
　　　根拠　「なぜならば，救急車が呼ばれる回数が減るからです」
　　　　　　↑（反駁）
肯定側の主張　「有料化しても，国民の健康が悪化するとは言えません」
　　　根拠　「なぜならば，救急車を呼ぶ回数は，国民全体の健康状態とは関係ないからです」
　　　結論　「したがって，デメリットは否定側が主張するほど大きくはありません」

④反転させる（ターン・アラウンド）「それはむしろ，メリット／デメリットなのですよ」
　相手が主張したことを利用して，それは逆に自分たちのメリット／デメリットにつながると説明してしまうことです。

肯定側の主張　「有料化すると，救急車の到着時間が早くなります」
　　　根拠　「なぜならば，タクシー代わりに安易に利用する人がいなくなるからです」
　　　　　　↑（反駁）
否定側の主張　「有料化すると，むしろ救急車の到着時間が遅くなります」
　　　根拠　「なぜならば，お金を払えばよいと安易に利用する人が出てくるからです」
　　　結論　「したがって，メリットではなくデメリットが発生します。」

8 ディベートの試合における「第二反駁」の役割

(1) ディベートの試合の中の最終結論を述べる

　各チームにとって最後のスピーチとなるのが、第二反駁です。直前のスピーチに対する再反論をすることだけでなく、自分たちのメリット／デメリットについて、立論に立ち返ってあらためて説明し、相手の質疑や反駁もふまえて試合の中でのメリット／デメリットの大きさを総括することも求められます。

　試合を通じて議論した結果、それぞれのメリットとデメリットの大きさを比較し、なぜ自分たちが優位な議論を展開できているのか、審判に結論を説明して終わることが必要です。

(2) 個々の争点に「決着をつける」（虫の目）

　ディベートの試合を通じて、立論の主張と反駁の主張が対立する争点がいくつか出てきます。個々の争点について、なぜ自分たちの議論の方が優れているのか、理由をつけて説明するのが「決着をつける」ということです。立論から振り返って、自分たちのどの議論が残ったか、残った理由は何かを説明して、審判を説得するようにしましょう。

(3) メリット・デメリット全体を「比較する」（鳥の目）

　個々の争点について述べた後は、メリット全体とデメリット全体の大きさを比較します。立論で説明した内容で比較するのではなく、あくまでも反駁の内容も踏まえ、最終的に決着がついたそれぞれの大きさで比較しなければ意味をなしません。

　比較をするにも、理由が必要です。例えば、メリットもデメリットもお金に関する議論であれば、単純に量の多さで比較できます。しかし、人命とお金など、異なるものがメリットとデメリットで提示されていれば、どちらが重要なのか、根拠を伴なって説明することが求められます。

（4）「遅すぎる議論」に注意

　第二反駁で反論できるのは，直前の相手のスピーチで新しく出た議論に対してだけです。以下①②③のような場合は，「遅すぎる反論（レイト・レスポンス：Late Response）」と言われる反則となり，審判が判定する際には，議論されなかったものとして扱われます。

①肯定側立論で出されたメリットに対し，否定側第一反駁で反論しなかったことを，否定側第二反駁で反論した
②否定側立論で出されたデメリットに対し，肯定側第一反駁で反論しなかったことを，肯定側第二反駁で反論した
③否定側第一反駁で出されたメリットへの反論に対し，肯定側第一反駁で再反論しなかったことを，肯定側第二反駁で再反論した

　こうしたルールは，試合終盤の第二反駁でいきなり反論されると，相手に反論の機会がほとんどなくて不公平である，という理由から設けられています。

9　判定：試合の終わりは始まりでもある「アフターディベート」

（1）審判の判定・講評を聴く

　立論から第二反駁まで終わったあと，審判が判定を出します。メリット／デメリットの大きさを評価し，比較をして，メリットの方が大きいと判断すれば肯定側の勝利，デメリットの方が大きい，もしくは同等であると判断すれば否定側の勝利という判定を下します。また，試合を振り返る講評を行います。

　立論や反駁の主張や根拠が審判に対してどのように伝わったのか，メリットやデメリットの大きさはどのように伝わったのか，どうすればより説得力を持った議論ができるか，などの講評をしっかりと「聴く」ことが大切です。なぜならば，そこに自分たちの立論や質疑，反駁の改善点や，話し方・伝え方をより良くする手掛かりがあるからです。

（２）レッツ・エンジョイ・ディベート！

　それぞれの役割や細かいルールがあり，難しく感じる部分もあるかもしれませんが，心配は無用です。なぜならば，本書では「ディベート」の実際の試合を模した例があります。ワークシートもあります。選手として試合を経験したり，審判の役割を経験したりするうちに，身についていくはずです。

　相手からぐうの音も出ないぐらい反論されてしまったり，負けと判定されてしまったりするのは自分自身を否定されるようで怖いかもしれませんが，そんな恐れは不要です。なぜならば「ディベート」は，あくまでも「議論のゲーム」です。説明する時間が限られていることや，反論を受けることを前提に主張するようにできています。自分の考えや意見とは異なる立場で主張することもあります。「人格」と「主張」を分けて議論をすることで，みなさんが自分自身で気がつくことができなかったことを学ぶことができる「ディベート」を楽しんでください。

学習課題

1　「ディベート」以外に，自分の意見や考えとは違う立場で話をしなければならない状況が日常生活にあるかどうか考えてみましょう。

2　自分の身の回りや，もっと広い社会の中で「メリット」も「デメリット」も考えられる「論題」を探してみましょう。

引用・参考文献

全国教室ディベート連盟『ディベート甲子園スタートブック』ダウンロード版，2008年，https://nade.jp/learning/beginners/startbook/（2024年10月31日閲覧）。

全国教室ディベート連盟東海支部『ディベートで学ぶエネルギー問題』DVD教材。

〈応援メッセージ〉

「論題」を決めると見える未来

　筆者はバブル崩壊後の就職氷河期「ロスト・ジェネレーション」と呼ばれる世代の最晩年を生きています。2004年，新卒時の就職先は同期が150名，社員は5,000名近い大企業でした。しかしそれは「最初に内定が出た企業に決めよう。なぜならば，就職活動を早く終わらせたい。」という理由で，業務内容や労働条件を考えずに行った「意思決定」でした。社会的に重要な業務を担う組織でしたが，私には不得意で，その性格は向いていなかったと入社してから気づき，2年も経たず，千葉市にあるNPO法人の職員に縁あって転職しました。

　転職した2006年，NPO職員として生計を立てる人は稀で，収入も大きく減りました。ただし「面白そうだ」という直感と「愛するプロ野球の球団がある街で暮らす」という信念を根拠にした「意思決定」だったので，後悔はありませんでした。

　ありがたいことに20年近く経過して事業規模も拡大し，私一人だった正規職員は10名を超えました。社会全体でもNPO法人などの非営利団体の職員として生計を立てる人が増えました。

　転職と同じ時期，ディベート甲子園の論題を考案する役割を担いました。私が調査し提案した2005年の「レジ袋税」は，その賛否はあるものの有料化が実現しました。2007年「深夜営業の廃止」は，当時あまり注目されていない社会課題でしたが，今では働き方や労働力人口の観点で大きな議論になっています。振り返れば，いずれも，自分の身の回りや生活の中から着想した論題でした。

　ディベートの論題を考えることも，自分の人生の意思決定も「どうやら市野敬介が考えることは，10年から15年先の未来らしい。」と，ようやく楽しめるような境地に至っています。

　ディベートの論題を考え，複雑に入り組んだ現代社会に「問い」を立てて鋭いメスを入れる楽しさや，様々な謎や疑問を徹底的に究明した後に議論を交わして「意思決定」をする面白さを，より多くのみなさんと共有できる日が来ますように。

（市野敬介）

第2章

簡易ディベートから始めよう

　　　　　　本章では，ウォーミングアップ的なコミュニケーション活動と第1章で示された「ディベート」の一歩手前に位置する簡易ディベートを取り上げます。

1　ウォーミングアップ

　スポーツを行う場合，ストレッチなどの準備運動が欠かせません。それと同様に，ディベートを行う場合も準備運動が必要です。なぜなら，対人コミュニケーションであるので，ゲームを行う人同士の信頼関係が大事だからです。
　私たちの日常社会では，人の話に「なぜか」という理由を問う質問をしたり，具体的な事例についてのことまで質問したり，まして相手の話に反論したりすることは一般的ではありません。しかし，ディベートというゲームは第1章でも説明したように「反論」という活動が必要不可欠です。このように「質疑」や「反論」など日常社会では一般的ではないことをするうえで，ゲームを行う相手との信頼関係や相手に敬意をもつことは絶対的に必要なことです。さらにこのようなコミュニケーションはゲーム内限定（討論する場であるという認識がされている場面）のコミュニケーションであることを共通理解する必要があります。
　特に授業の一環として取り組む場合は，最初から相手の話に反論させるとそれがゲームであるとしても心理的なダメージを受ける学生や生徒がいるので指導者は注意が必要です[1]。とはいえ，批判的なものの見方を身につけることは世の中で生きていく上で重要なスキルであると考えます。従って，ディベートのための準備運動を行い，学習者同士の信頼関係づくりをしたりアタマの体操を行ったりします。ここにいくつか紹介するのは，準備運動の一例です[2]。

（1）アイスブレイク

　アイスブレイクは短時間で行い，場の雰囲気を和らげるのがねらいです。しかし，ただ和らげるだけではもったいないので，少しでもディベートにつながるようなアイスブレイクを紹介します。いずれも，様々な講座の中で行われてきたものです。

①自己紹介

　挨拶はコミュニケーションのもっとも基本的なものです。隣同士で挨拶してもいいし，人数が少なければ一人ずつ挨拶してもいいです。その際，名前だけでなく好きなものや特技など自己アピールできることを付け加えるとよいです。

　自分を紹介するのによいもの（服や物）を見せて自己紹介する「show and tell」という方法があります。大学の授業で黒いウィッグを持ってきた学生がいて，学習塾で講師をしているときに使うものだと紹介されたときは驚きましたが，こうして今でも記憶にとどまっています。

②じゃんけん（2人）

　じゃんけんは，「対人ゲーム」の例として取り入れられます。高校生でも大学生でも場が盛り上がり，あたたかい雰囲気になります。対人での「競争」「バトル」というと教育では取り入れたくないと言われる指導者がいるのですが，「じゃんけんも対人で行うバトルです」と説明するとディベートは怖いものというイメージが和らぎます。「1分間で連続5回勝ったら勝負が決まり」とでもしておくとよいです。

③しりとり（2〜4人）

　しりとりも小学生でもできる「対人ゲーム」です。2分間取り組みます。「3文字以上で」など条件を付けると結構難しいゲームになります。時間内で勝負はつかないことが多いので，総文字数や長い言葉を言った方が勝ちなどルールを決めて行います。

　また，二人で協力してしりとりを行う方法もあります。学級や学年など多く

の人数がいるときは，第一回目は一対一の競争にして，二回目はその二人がペアになって協力するようにすると二人の人間関係がよい状態で終われ，やはり和やかな雰囲気になれます。二人で何個つながったか，あるいは総文字数で何文字だったかなど全体の中でチャンピオンを決めるなどすると盛り上がります。

（2）聞くことと話すことのトレーニング

アイスブレイクの次は，聞くことや話すことに力を入れたコミュニケーションゲームと呼ばれるものに取り組みます。いずれも小学校から大学まで幅広い教育現場で取り組まれているものばかりです。

①インタビューゲーム

2分間，隣の人にいろいろ質問をします。何を聞いてよいのか分からないという人がいますが，どんなことを聞いたのかクラスの中で発表し合うとヒントになります。「好きな食べ物は何ですか？」「好きな動物は何ですか？」は思いつきますが，「どこのお店ですか？」や「いくらぐらいするのですか？」のように深掘りする質問が出てくると話が弾んでいきます。初めて集まった人同士でもここで信頼関係ができ，人前で話すことの抵抗感が小さくなります。

② why because ゲーム

①の「インタビューゲーム」の応用です。聞いたことに対して，「なぜ〜なのですか？」と問うゲームです。

例：A 「あなたはどんな食べ物が好きですか？」
　　B 「私はリンゴが好きです。」
　　A 「なぜリンゴが好きなのですか？」
　　B 「甘酸っぱくて，シャキッとした歯ごたえが好きだからです。」
　　A 「なぜ甘酸っぱい味が好きなのですか？」
　　B 「……。」

答えられなくなったら，話題を変えます。このゲームをすることで，質問した内容が深掘りされ自分が気づかなかったことに気づくことができます。また

聞き手はただ表面的なことだけでなく，そこに込められた話し手の思いまで聞くことができるかも知れません。しかし，このゲームの最大の目的は，ディベートでもっとも重要である「根拠」を聞くということをゲームをしながら習慣化していくことなのです。ディベートは根拠を示しながら論を展開していくスピーチゲームです。ところが，ディベートのみならず，根拠を話さずに主張する人が多々います。そこで「なぜ」と問うことで，議論の内容が分かりやすくなるのです。

③イイネ！ イイネ！ ゲーム

あるお題に対して，それぞれが意見を言うという，4〜5人のチームで行うとよいゲームです。出された意見に，それは変じゃないかとすぐに反応してしまう人がいると，話題は広がりません。どんな意見でもとりあえず「イイネ！」と言ってみる，ということを目的にしたゲームです。

ルールは，
　ⅰ）全員発言する（順に発言）。時間の許す限り続ける
　ⅱ）言われたことに対して周囲の者は「イイネ！」と必ず言う
　ⅲ）誰かが言われたことをメモに取る
です。2分くらいの時間の中で，どれくらい言えるのか楽しみなゲームです。

最後に，メモを取っている人がチームで出た意見を発表します。笑いが起こるような突拍子もない内容になったら場の雰囲気も和み，意見を言うことの抵抗感が小さくなると思われます。

お題の例：「理想とする修学旅行は？」「みんなでパーティーするとしたらどんなパーティー？」など。

④ほめほめタイム／ほめ言葉のシャワー

学級集団や職場集団で互いにほめ言葉を言い合うことで，人間関係づくりを行うという実践があります。

筆者は，大学の授業で「ほめ言葉のシャワー」に取り組みました。

10人ほどの学生を対象に，今日はこの人と決め，ほめ言葉を次々に言っても

らいます。ディベートを行う上での人間関係づくりの他，根拠をもとに主張をするスピーチ技術がトレーニングできることも理由です。また，学生生活を送る上で人をほめることでよい人間関係づくりができることを知ることも学生にはプラスになります。

　学生から以下のような感想があがりました。

　　たくさんの人から，ほめ言葉をうけると，とても自信がつくしポジティブな気持ちになります。そう思った理由は二つあります。一つ目は，たくさんの友達が私のことを応援してくれてるんだなと改めて感じたからです。二つ目は，実際にあった出来事（事実）をほめてくれると，これからも頑張ろうと思えるからです。私も，友達や後輩などにも，よい所はほめて，相手を笑顔にさせたいです。

⑤でもでもボクシング／でもでもピンポン
　反論することのトレーニングです。反論することが苦手な人は多くいます。そこで，ゲームをしながら反論することに抵抗が小さくなるようにしました。この「でもでもボクシング」は，相手を倒して KO を狙うというよりは，反論しながらいかにラリーが続けられるかという「ピンポン」に似ています。初心者に優しいのは「そうですね」と一旦相手の主張を受け入れる点です。
　例：A　「天気がいいときは外が気持ちいいですよね？」
　　　B　「そうですね。でも，外は花粉が飛ぶから苦手なんです。」
　　　A　「そうですね。でも，マスクを着けたり，ゴーグルを着けたりすれば楽しめますよ。」
　　　B　「そうですね。でも，マスクやゴーグルをわざわざ用意しなくちゃ……。」
と続けられる限り続けるというゲームです。

2　問答ゲーム

ウォーミングアップの次は、簡易ディベートの一歩手前の「問答ゲーム」に取り組んでみましょう。

「問答ゲーム」はつくば言語技術教育研究所の三森ゆりか氏が考案したエクササイズです。「問い」に対して理由をつけて「答える」話型のあるコミュニケーショントレーニングです。

（1）答えの基本的な話型

問答ゲームは、「主張」／「理由」／「再主張」という形で答えます。

例：A　問　「あなたはリンゴが好きですか？」
　　B　答　「はい。私はリンゴが好きです。……（主張）
　　　　　　なぜなら、噛んだときの歯ごたえがシャキッとしていて心地いいからです。……（理由）
　　　　　　だから、私はリンゴが好きです。……（再主張）」

三森氏は、答えの話型があることについて、「この型が身につくと、対話がかなり楽に展開するようになるはずです。ちょうど、武道の基本が型であるように対話の際にも型を身につけ、その型を使いこなして対話を展開するというわけです。」と説明しています。

また、この型には、本書第1章の4でも説明した「大事なことは先に言う」「ナンバリングをする」「根拠を述べる」などのディベートをしていく上での大切なスキルが詰まっています。

筆者は、小学校2年生の学級での実践をはじめ、多くの小学生から大学生までに問答ゲームの実践を取り入れていますが、ディベートに導入するためのコミュニケーションゲームとしてはとても分かりやすくよいゲームです。

（2）問答例

では，実際に問答ゲームを行ってみましょう。
ⅰ）二人一組になり，「問い」を言うパートと「答え」を言うパートに分かれます。
ⅱ）指示された「問い」を言います。
ⅲ）「答え（主張／理由／再主張）」を言います。
ⅳ）「問い」と「答え」の役割を交代します。

以下に6パターンの問答ゲームを示しました。すべて問答ゲームの答えの話型（主張／理由／再主張）で答えてみましょう。この枠の中に答えを書いてもよいですし，狭いと思われたらノート等を用意してもよいでしょう。一度自分の答えを書いてから，そのあとの「例」を読むと実際の問答ゲームのイメージがつきやすくなります。

○パターン1　「あなたは○○が好きですか？」
　　問　「あなたはイヌが好きですか？」
　　答　（主張）
　　　　（理由）
　　　　（再主張）

　　例：問　「あなたはイヌが好きですか？」
　　　　答　「はい。私はイヌが好きです。なぜなら，イヌは『お手』や『おすわり』などしつけたことができるので，そこがかわいいからです。だから私はイヌが好きです。」

やってみよう！
・「あなたは○○が好きですか？」
・「あなたはどんな○○が好きですか？」
　○○に食べ物やアニメのキャラクターなど入れて話してみましょう。

第Ⅰ部　ディベートのすすめ

○パターン２　「あなたはＡとＢとではどちらが好きですか？」
　ＡとＢとを比較して答えます。
　　問　「あなたはイヌとネコではどちらが好きですか？」
　　答　(主張)
　　　　(理由)
　　　　(再主張)

ＡもＢも同じ理由であることがあります。そういうときは，「ＡもＢも同じ理由ですよね」と意地悪く再度問うことがあります。
　　例：問　「あなたはイヌとネコではどちらが好きですか？」
　　　　答　「私はイヌが好きです。なぜなら，イヌの肉球がぷよぷよしていてかわいいからです。だから，私はイヌが好きです。」
　　　　問　「でもネコにも肉球がありますよね？」

そう言うと，「ネコの肉球はイヌの肉球とは違うんだ」と主張してくる人がいます。すかさず，「どのように違うのか説明してみて」と言うと，違いが説明できる人と説明できない人がいます。説明できればよいのです。

また，好きな理由がもう一方は嫌いだからという場合があります。そういう場合は「『嫌い』な理由を聞いているのではなく，『好き』な理由を聞いているのですから好きな理由を言ってください」と言い直しをさせます。
　　例：問　「あなたはイヌとネコではどちらが好きですか？」
　　　　答　「私はネコが好きです。なぜなら，イヌはかみつくことがあって怖いからです。だから，私はネコが好きです。」
　　　　問　「それはネコが好きな理由になっていませんね。ネコが好きだという理由を言いましょう。」

やってみよう！
・「あなたはＡとＢとではどちらが好きですか？」
　ＡとＢにあてはまる言葉，例えば「クリとサツマイモ」「ハヤシライスとカレーライス」などで問答を楽しんでみましょう。

○パターン３　「あなたは〇〇が好きですか？　『好き』で答えてください。」

　パターン１とパターン２の発展型です。問答の答えを自分の好き嫌いではなく「好き」か「嫌い」を質問が指定します。

　　問　「あなたはチョコレートが好きですか？　『好き』で答えてください。」

　答　(主張)
　　　(理由)
　　　(再主張)

　　例：問　「あなたはチョコレートが好きですか？　『好き』で答えてください。」
　　　　答　「私はチョコレートが好きです。なぜかというと，甘さの中にほろ苦い味を感じるからです。だから，私はチョコレートが好きです。」

やってみよう！
・「あなたは〇〇が好きですか？　『好き（嫌い）』で答えてください。」
　例：「納豆・好き」「白色・嫌い」などで話してみましょう。

○パターン４　「あなたはＡとＢはどちらを使いますか（選びますか）？」

　どちらが「好きですか？」という質問は人によって観点が異なっていたり，感覚的な答えがあったりするのですが，どちらを「使いますか(選びますか)？」という方は「好き」「嫌い」という感覚よりもっと客観的な理由が求められます。

　そのため，「好きや嫌いを理由にはしないでください。」とNGワードを指定する必要があります。

　　問　「あなたは字を書くとき，鉛筆とシャープペンシルのどちらを使いますか？」

　答　(主張)
　　　(理由)

第Ⅰ部　ディベートのすすめ

　　　（再主張）

　例：問　「あなたは字を書くとき，鉛筆とシャープペンシルのどちらを使いますか？」
　　　答　「私は鉛筆を使います。なぜなら，筆圧が多少強くても芯が折れず，力強い字が書けるからです。だから，私は字を書くとき，鉛筆を使います。」

> やってみよう！
> ・「あなたは○○するとき，AとBのどちらを使いますか（選びますか）？」
> 　例：「スパゲティーを食べるのに使うのは，箸かフォークか？」
> 　　　「夏の暑いときに使うのは，小型扇風機かうちわか？」
> などを話してみましょう。

○パターン5　「理由を2点言いましょう。」

　パターン1，パターン2，パターン4の発展型です。答を複数言うときにはナンバリングという技法を使います。ナンバリングとは，「1点目に……，2点目に……」と数える言い方です（第1章4で説明）。
　問　「あなたは『クレヨンしんちゃん』と『ちびまる子ちゃん』ではどちらがより家庭的なアニメだと思いますか？　理由を2点述べましょう。」
　答　（主張）
　　　（理由）
　　　（再主張）

　例：問　「あなたは『クレヨンしんちゃん』と『ちびまる子ちゃん』ではどちらがより家庭的なアニメだと思いますか？　理由を2点述べましょう。」
　　　答　「私は家庭的なアニメと言うなら，『クレヨンしんちゃん』だと考えます。なぜなら，理由は2点あります。
　　　　　1点目は，現在非常に多い核家族がモデルになっているからです。

実際の子どもたちの環境に似ているので家庭的だと考えます。
　２点目は,『クレヨンしんちゃん』の方がパパやママの力を借りて成り立つストーリーが多く家庭的だと考えるからです。
　だから,私は家庭的なアニメと言うなら,『クレヨンしんちゃん』だと考えます。」

やってみよう！
・「あなたは○○するとき,ＡとＢのどちらを使いますか（選びますか）？　理由を２点言いましょう。」
　例:「日本の代表的なテーマパークは,ディズニーランドかユニバーサル・スタジオ・ジャパンか？」
　　「修学旅行（ゼミ合宿）で泊まるなら,洋室か和室か？」
　などを話してみましょう。

○パターン６　「あなたは○○という考えに賛成ですか,反対ですか？」
　問いに対して「yes か no か」意見を求める問答です。
　　問「あなたは日本がペットの売買を禁止することに賛成ですか,反対ですか？」
　　答　（主張）
　　　　（理由）
　　　　（再主張）

　例：問「あなたは日本がペットの売買を禁止することに賛成ですか,反対ですか？」
　　　答「私は日本がペットの売買を禁止することに賛成です。
　　　　　なぜかというと,ペットショップで買われたペットは,５年ほどで飽きられて捨てられてしまうからです。そして,捨てられたペットたちは殺処分にされてしまうからです。それならばペットなど売買できないように規制した方がよいと考えます。

だから，私は日本がペットの売買を禁止することに賛成です。」

> やってみよう！
> ・「あなたは○○という考えに賛成ですか，反対ですか？」
>   例：「小学生の宿題を禁止することに賛成か，反対か？」
>   　　「小中学生のスマホ利用を禁止することに賛成か，反対か？」
>   　　「中学，高校の制服を廃止して私服登校することに賛成か，反対か？」
>   　　「高校の国語の授業で古典を選択教科にすることに賛成か，反対か？」
> などで意見を述べてみましょう。

3 簡易ディベート

　問答ゲームで主張／理由／再主張の型に慣れたら，いよいよ簡易ディベートです。ここでは問答ゲームに質疑・応答や反論を加えたものを行ってみましょう。

（1）問答ゲーム＋Q（質疑・応答）

　問答ゲームの発展型です。問いを言った人が，回答のあとそれについて質問を2度します。

　相手の主張の「確認」と主張の「根拠」を聞くトレーニングです。また，相手から質問されて的確に返すというディベートのトレーニングにもなっています。

　　質問1　「～なのですね？（確認)」
　　質問2　「それはなぜなのですか？（理由を問う)」

　　例：問　「あなたはイヌとネコではどちらが好きですか？」
　　　　答　「私はネコが好きです。なぜなら，イヌのように噛んだりしないから安心なのです。だから，私はネコの方が好きです。」

第 2 章　簡易ディベートから始めよう

問　「ネコは噛まないから安心なのですね？（確認）」……質問 1
答　「はい。そうです。」
問　「なぜネコは噛まないと言えるのですか？(理由を問う)」……質問 2
答　「それはネコの口は小さいから人間を噛めないからなんですよ。」

実際に，問答ゲーム＋Q で答えてみましょう。
問　「あなたは初デートで動物園に行くことに賛成ですか，反対ですか？」
答　
（主張）
（理由）
（再主張）

問　「〇〇〇だから賛成／反対なのですね？（確認）」……質問 1
答　「はい。そうです。」
問　「なぜ〇〇〇と言えるのですか？（理由を問う)」……質問 2

（理由）

例：問　「あなたは初デートで動物園に行くことに賛成ですか，反対ですか？」
　　答　「私は初デートで動物園に行くことに反対です。
　　　　　なぜかというと，天気がよくて太陽が照ったときお互いに日焼けしてしまうかも知れないからです。
　　　　　だから，私は初デートで動物園に行くことに反対です。」
　　問　「日焼けが心配だから反対なのですね？（確認）」……質問 1
　　答　「はい。そうです。」
　　問　「なぜ，日焼けしてしまうのですか？　日傘などがありますよね？（理由を問う)」……質問 2
　　答　「日傘などの準備が必要になりますよね。そういうのがないとやはり日焼けはしてしまうのです。」

53

（2）問答ゲーム＋Q（質疑・応答）＋反論

（1）の発展型です。問答ゲームの答え（賛成側）＋問答ゲームの答え（反対側）にそれぞれ質疑・応答と反論を加えます。そして，各ステージごとに時間の割り当てをします。こうすることで，ぐっとディベートに近づきます。

フォーマットは以下の通りです。各ステージ40秒で行います。ただし，実態に応じて時間を変えることができます。長く話せそうなら（具体的な事例を入れたり，より詳しく話すともっと時間が必要になります）2分くらいまで延ばしたり，各ステージ間に準備時間を1～2分程度入れたりしてアレンジすることができます。また，1人対1人でもできるし，2～3人のチーム戦としてもできます。

①賛成側主張（理由）　　40秒　┐
②反対側質疑／応答　　　40秒　┘ 問答ゲーム＋Q　賛成側
③反対側主張（理由）　　40秒　┐
④賛成側質疑／応答　　　40秒　┘ 問答ゲーム＋Q　反対側
⑤反対側反論　　　　　　40秒　　反論　　反対側
⑥賛成側反論　　　　　　40秒　　反論　　賛成側

実際に問答ゲーム＋Q＋反論で答えてみましょう。

問　「あなたは初デートで動物園に行くことに賛成ですか，反対ですか？」

答
①（主張）私は賛成です。
　（理由）なぜなら，
　（再主張）

②反対側→賛成側に質問／応答（時間内であればいくつでも質問できる）

③（主張）私は反対です。
　（理由）なぜなら，
　（再主張）

④賛成側→反対側に質問／応答（時間内であればいくつでも質問できる）

⑤反対側→賛成側に反論

⑥賛成側→反対側に反論

例：①賛成側主張（理由）

　　「私は初デートで動物園に行くことに賛成します。理由は2点あります。

　　1点目は，初デートではお互いに話すことがないかもしれません。そんなときに動物の仕草を見ているとほのぼのとして話しやすくなります。特に動物の赤ちゃんがいたらかわいいねなどと話すことができるからです。

　　2点目は，明るいところで歩くことで健康的なイメージになるからです。そして，いろいろ話ができてお互いを知ることができます。

　　だから，初デートでは動物園に行くことに賛成します。」

②反対側質疑／応答

　　反対側「動物を見ているとほのぼのとして話しやすくなると言いましたが，それはなぜですか？」
　　賛成側「動物を見ていると動物の仕草が人間と似ていて，かわいいとか，何しているんだろうとか，話すことがいろいろできます。特に赤ちゃんなどは表情がほほえましく感じます。」

③反対側主張（理由）

　　「初デートで動物園に行くことに反対です。理由は2点あります。

1点目は，動物園は臭いということです。動物は動画や写真で見ていればかわいいのですが，生きている動物は臭いがします。臭いが気になる人だと，せっかくいい雰囲気なのにイメージが悪くなります。
　2点目は，天気によって暑かったり寒かったり，雨が降ったりします。初めての二人にとって天候は強敵です。
　だから，初デートでは動物園に行くことに反対します。」

④賛成側質疑／応答
　賛成側「天気のことを気にされていますが，なぜ天気がそんなに問題なのですか？」
　反対側「天気によって，取る対策が変わりますよね。雨が降りそうなら傘を持っていくとか，寒そうなら上着が一枚余分に必要だったり，デートに行く前に対策のことで気が疲れてしまったりするからです。」

⑤反対側反論
　「賛成側の主張に反論します。賛成側は『動物の仕草を見ているとほのぼのとして話しやすくなります。』と言っていますが，動物園にいる動物にはライオンやクマなど猛獣もいます。また，夜行性の動物などはじっとしているだけでほのぼのした感じにはなりません。まして動物の赤ちゃんなんかどこの動物園にもいるものではありません。だから，初デートで行っても話しやすくなるとは限らないのです。」

⑥賛成側反論
　「賛成側反論を行います。反対側は動物園が屋外であるから天気の変化に対応することが大変だと言いました。でも，それは何も動物園に限らず，自宅からその場所に行くまではずっと屋外なのですから，雨が降りそうなら傘を持っていくだろうし，寒いと思えばコートを着ていくのではないでしょうか。ことさらデートだからといって特別の

準備はいらないのです。だから，問題はありません。」

> やってみよう！
>   次の論題から選んで【問答ゲーム＋Q＋反論】のスタイルで簡易ディベートに取り組んでみましょう。
> ・「学校の給食をやめて，弁当にすることに賛成か，反対か？（逆に，弁当や購買で買うのではなく，給食導入に賛成か，反対か？）」
> ・「日本国内でのペット売買を禁止することに賛成か，反対か？」
> ・「中学，高校生の化粧通学を認めることに賛成か，反対か？」
> ・「中学，高校の部活動を廃止することに賛成か，反対か？」

　このように立場を設定して意見を述べ合うことは，自分が思ってもいなかったことが話題になって楽しいものです。ここでマスターしたことを生かしてディベートにチャレンジしてみましょう。

注
1）ディベート指導の際に注意すべきことを示します。
　① 述べられる「主張」について，その主張を述べている本人の「人格」とは異なることを指導します。反論されるべきはその「主張」であって，主張を述べた本人ではないのです。SNS等で（政治家同士の）主張の応酬を見ていると，しばしば人格への反論になっていることが気になります。
　② 授業や実践記録を拝見していて，指導時間の都合のため，あるいは本人の意思を尊重してとの理由から，肯定側か否定側しか行わないケースが見られます。相手の立場について理解させる，という教育上の観点から肯定側・否定側の両方を行うことを強く勧めます。全国教室ディベート連盟では，肯定か否定かはじゃんけんやくじによって決まり，試合でもできうる限り肯定・否定両方の立場について議論する機会を作っています。
2）学生や生徒が活発に討論できるための「準備運動」として，コミュニケーションゲームを教育実践に取り入れている教育実践家として菊池省三氏がいます。菊池氏が主宰している「菊池道場」では全国の多くの教師達がコミュニケーションのための実践を行い，実践報告も行っています。

3）問答ゲームは三森ゆりか氏が言語技術トレーニングとして実践しています。
　また，「主張／理由／再主張」という型は問答ゲームだけにとどまらず，AREA（Assertion：主張, Reason：理由, Evidence：証拠・事例, Assertion：主張），または，OREO（Opinion：意見・主張, Reason：理由, Example：たとえば, Opinion：意見・主張）など一般的に分かりやすく意見を伝える型の基本となっています。

引用・参考文献
菊池省三・池亀葉子・NPO法人グラスルーツ（2015）『「話し合い力」を育てるコミュニケーションゲーム62』中村堂。
菊池省三・菊池道場（2018）『個の確立した集団を育てる――学級ディベート』中村堂。
天白達也（2018）『競技ディベートマニュアル』（私家版）。
橋本慎也（2021）『対話力がぐんぐん高まる――コミュニケーション・トレーニング』明治図書。
三森ゆりか（2013）『大学生・社会人のための言語技術トレーニング』大修館書店。

〈応援メッセージ〉

自分の考えが変わる？!

　私がディベートに出会って25年。多くのことを学びました。
　次の話は，ある高校で本章で学習したような簡易ディベートの試合をした生徒が書いた感想です。

　　論題の中にはもうこれ絶対否定が勝つような内容だな，と思っても皆で意見をたくさん言いあって，ほかの人の意見も聞いて，自分が思いつかなかった意見も聞けて論題への考えがどんどん変わっていきました。

　もし，ディベートをしていなかったら，この生徒は自分の意見が変わったのでしょうか？
　まずは，誰かと意見を交わすところから始めてみましょう。

（長谷部浩一）

第Ⅱ部

モデルで学び，実践してみよう

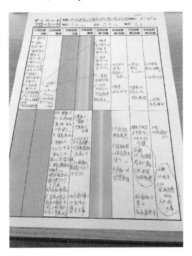

　序章，第Ⅰ部を読み終えた人は，実際に本格的なディベートを体験してみたくなったことでしょう。第Ⅱ部では，まず，第3章で政策論題によるモデルディベートを体験してみましょう。シナリオを用意しましたので，肯定側・否定側・審判の役割を決めて，肯定側・否定側に分かれて読み上げてみましょう。その際，実際にフローシートに議論の流れを書いてみましょう。そして，審判役の人は，判定シートを用いて判定をしてみましょう。第4章では，ディベートの試合のための準備についてワークシートを用いて解説しています。続く第5・6・7章では具体的な論題にしたがってディベート実践の具体例を示して説明しています。論題について理解を深めたのちに，ワークシートを使って試合の準備を実際にしてみましょう。ディベートの試合結果は，その準備で大部分が決まるとも言われています。しっかり準備して試合に臨みましょう。

第Ⅱ部　モデルで学び，実践してみよう

第3章

モデルディベートを体験してみよう
―― 高齢者の自動車運転免許返納の義務化について

　　　　　　　　　ディベートとは広義では「討論」のことであり，狭義では討論ゲームとしての「競技ディベート」のことを言います。その競技ディベートも大きく分けると，客観的な資料やデータを用いて論証する「調査型ディベート」と持っている知識をもとに行う「即興型ディベート」があります。本章では，「調査型ディベート」を行う際のスピーチ例としてモデルを示していきます。

　　　　　　　　　ディベートを行う際には，まずは論題を理解するための論題解説が提示され，それをもとに肯定側，否定側の意見を考えていきます。本章では，「日本は高齢者の自動車運転免許の返納を義務化すべきである。是か非か」の論題について解説した後にシナリオを提示します。肯定側，否定側の役割を決め，シナリオを読み上げて，フローシートに議論の流れを書きながらディベートを体験してみましょう。その後，審判役の人は付録の判定シートを活用して自分で試合の判定をしてみましょう。判定と講評の例を載せますので，自分の判定と比較することで判定のポイントについて学んでください。では，モデルディベートを楽しんでみましょう。

1　論題解説――「日本は高齢者の自動車運転免許の返納を義務化すべきである。是か非か」

（1）論題の背景

　まずは，論題の背景について理解します。近年，高齢者による交通事故について聞くことが増えてきています。とりわけ，自動車で通学中の歩行者に対して突っ込むであったり，高速道路での逆走などによるものであった場合，メディアでも大きく取りあげられ，高齢者が免許を所有することについて議論がなされてきました。その中で根強い意見の一つである，「全ての高齢者が免許を返

納すべき」について考えていくのが今回のテーマとなります。

(2) 高齢者の定義
　高齢者とひとくくりに述べても，人によって様々な高齢者のイメージがあると思います。そのままでは議論ができなくなるため，今回の論題では満75歳以上の方々を高齢者と定義します。

(3) 現状の高齢者の免許に対する規制
　高齢化社会の進展により，高齢者の免許所有者も増加してきています。それに伴い，高齢者による自動車事故件数も増加しています。高齢者による交通事故を防止するため，これまでも，高齢運転者に係る運転免許制度について，運転免許自主返納制度及び高齢者講習の新設，臨時認知機能検査及び臨時高齢者講習の導入，運転技能検査の導入等の道路交通法改正がされてきました。

(4) 考えられるメリットとデメリット
　メリットとして思いつくのは，高齢者による自動車事故がなくなるというものです。ただ，それで全てが解決するわけではありません。免許返納後に高齢者が自動車の代わりにどのような交通手段を利用するかによって，交通事故という観点から見た時に事故件数がどうなるかまで考えて議論してください。
　デメリットはいくつか考えられます。まず，移動手段がなくなることから発生する生活上の不便さです。ただ，「不便」だけでは何が問題か分かりにくいため，不便であることがどのような問題を引き起こすのか，といったところまで論じてください。例えば，買い物がしにくいだけではなく，買い物がしにくくなることで生鮮食品が摂取できなくなり病気になりやすくなる，といったようにです。他にも，外出機会が減少することによる不健康化や自動車を運転することが前提の仕事があり，その仕事を高齢者が支えている場合はその仕事が成り立たなくなることも考えられます。

（5）みなさんに期待すること

　本論題は，一つの現象に対してよくある意見が具体的にどのように社会に影響を及ぼすのかについて考え，議論することがテーマになっています。高齢者による悲惨な事故があるから運転できなくすればよい，というよくある提案が本当に事故を減らすのか，さらに，高齢者が自動車を運転できなくなることがどのような現象を社会に対して引き起こすのか等について考えていきましょう。

2　シナリオディベートで試合をし，議論の流れを書いてみよう

> やってみよう！
> 　以下に示したシナリオにそって，肯定側，否定側に分かれてスピーチをしてみましょう。スピーチをしながら，議論の流れを付録の「①ディベートフローシート」に書いてみましょう。

　スピーチの際は，スピーチをする人も聞くだけの人も議論の流れを把握するため，フローシートに流れを書き込むことが大切です。フローシートを書く際のポイントは以下の通りです。

- 「フローシート」は図3-1に示す順番で記載します。
- スピーチの内容全てを記載するのではなく，ポイントを絞って記載します。
- 効率よくフローシートを取るために略字を使いましょう。
    例：メリット→M，デメリット→DM，内因性1→N1
- 証拠資料が引用されている箇所はカッコで括ることで，それ以外の箇所と証拠資料とを区別できるようにしましょう。

　それでは，ここからスピーチ例とシナリオを示していきます。

第3章 モデルディベートを体験してみよう

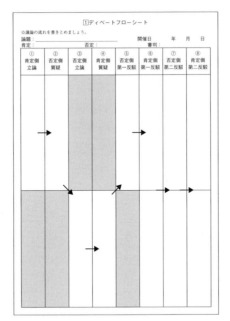

図3-1　①ディベートフローシートを記入する順番

（1）肯定側立論

　肯定側の立論担当者が立論を読みます。

肯定側「メリットは高齢者による自動車事故の減少です。

　現状の説明をします。
内因性1．現在，高齢者の免許返納が義務化されていないので免許を返納していません。そのため，高齢者は車を運転しています。よって，高齢者による自動車事故は起こり続けており，75歳以上の高齢者による事故件数は多いです。警察庁，2020年。『年齢層別の免許人口10万人当たりの死亡事故件数を見ると，75歳以上の高齢運転者は75歳未満の運転者と比べ，約2.2倍となっている。』おわり。

63

内因性2．高齢者による自動車事故は身体機能の低下や認知症により発生しています。
内閣府，2017年。『高齢者は加齢により，動体視力の低下や複数の情報を同時に処理することが苦手になったり，瞬時に判断する力が低下したりするなどの身体機能の変化により，ハンドルやブレーキ操作に遅れが出ることがあるなどの特性が見られる。また，加齢に伴う認知機能の低下も懸念されるところであり，警察庁によれば，平成28年に運転免許証の更新の際に認知機能検査を受けた75歳以上の高齢者約166万人のうち約5.1万人は認知機能が低下し認知症の恐れがある第1分類と判定されている。』おわり。

結果として重大事故が発生しています。
NHK解説委員室，2016年。『10月28日，横浜市港南区で87歳の男性が運転する軽トラックが登校中の小学生の列に突っ込み，1年生の男の子が亡くなり7人が重軽傷を負いました。運転手はどこをどう走ったか覚えていないと供述しています。11月12日には東京立川市の病院で，夫の見舞いに来ていた83歳の女性が運転する車が歩道を歩いていた男女をはね，2人が死亡。警察は女性がアクセルとブレーキを踏み間違えた疑いがあるとして調べを進めています。高齢者が運転する車の事故が続いています。』おわり。

　プラン後の変化を説明します。
解決性1．プラン後，高齢者の免許返納が義務化されるので，免許を返納します。すると高齢者は運転しなくなります。よって，高齢者による自動車事故が減少し，安全に暮らすことができるようになります。最近の研究とは岡山県を対象とした研究です。
岡山大学准教授，橋本，2013年。『最近の研究では，免許返納を行うことで返納者の安全性が高まることも示されており，免許返納を望む高齢ドライバーが返納しやすい環境を整備し，高齢者が安全に安心して暮らせる社会を実現していくことが求められている。』おわり。

解決性2．免許返納後は高齢者がバスなどを利用するようになり，民間・公共交通機関が発達するため，移動に関する問題は発生しません。
秋田大学准教授，日野ら，2016年。『路線が廃止された地域では，地方自治体によるコミュニティバスの運行や，地域住民が主体となったNPOによる福祉有償運送，タクシー事業者によるデマンド型乗合タクシーの運行などが行われている。また，大型商業施設が自らバスを運行し顧客を確保する取り組みもみられる。』おわり。

　なぜメリットは重要かを説明します。
重要性　命に関わる自動車事故を無くすために，安全運転が困難な高齢者の免許を一律に失効させる政策は必要です。
産経新聞，2018年。『だが自主返納には限界がある。家族の説得に応じない頑固な高齢者も多い。地域によっては，生活手段として免許を手放し難い事情もあろう。それでも，社会の安全を守るため，高齢運転者自身を事故から守るためにも，一定の年齢で一律に運転免許の返納，取り消しを求められる措置を導入すべきである。免許取得年齢に下限がある以上，上限があってもいいはずだ。』おわり。」

（2）否定側質疑
　否定側の質疑担当者が肯定側の立論担当者に質問をします。

否定側「解決性1で高齢者による自動車事故がなくなると言っていましたが，運転の禁止で加害者になる事故がなくなるだけで，高齢者が被害者になる事故が減少するという証明はされていないですよね。」
肯定側「解決性1で免許を返納した高齢者が安全に暮らせている，とあるので事故は減少します。これは，解決性2で示したように，免許を返納することで，代替交通機関が発達するため，高齢者が被害者にはならないからです。」

否定側「では，その解決性2に質問します。1点目に，この資料は現状の日本

のある地域の話で，海外等で全国一律に高齢者が運転できなくなる法律ができたという話ではないですよね。」
肯定側「はい，そうです。」

否定側「2点目に，この資料は地方自治体によるコミュニティバスの運行などが『行われている』と述べているだけで，『うまくいっている』とまでは述べていないですよね。」
肯定側「高齢者が自動車の免許を返納した状況であれば，それでもどうにか移動できるように地方自治体が対応するのですから，対応が行われている以上，必要な対応が取られ，それはうまくいっていると考えるのが妥当だと思います。」

否定側「3点目に，仮にこの路線が廃止された地域でうまくいっていたとしても，他の地域でうまくいくとは限らないですよね。」
肯定側「うまくいっている地域があるので他の地域でもできるのではないかということ，また，移動できない方がたくさん発生すれば問題になると思いますので他の地域であっても必要な対応はなされると考えられます。」

否定側「重要性で『一定の年齢で一律に運転免許の返納，取り消しを』と述べていますが，75歳であっても運転技術に何ら問題ない方もいるのに何故一律に免許を返納させるのでしょうか。」
肯定側「内因性1で述べたように高齢者の事故件数は多いです。これは内因性2の1枚目で述べたように加齢による身体機能や認知機能の低下によるもので，その結果，2枚目で述べたように歩道へ突っ込んだりといった特に危険な事故を起こしているため，『免許取得年齢に下限がある以上，上限を設けるべき』だと考えています。」

（3）否定側立論

　否定側の立論担当者が立論を読みます。

否定側「デメリットは高齢者の不健康化です。

　現状の説明をします。
固有性　現在，免許を持ち続けている高齢者は免許が無いと生活が送れなくなる人たちです。
ジャーナリスト，桃田，2017年。『先述のように，運転継続者の6割が「ほぼ毎日」運転していると回答しているため，「ほぼ毎日，クルマで買い物に出かけている」人が多いことがわかります。一方で，自主返納者は「ほぼ毎日」運転している人が1割しかいないため，「ほぼ毎日仕事で運転する人が少ない」と解釈できます。その反面，6割が「運転していない」と答えています。』おわり。よって，高齢者が自動車を運転しています。

　プラン後の変化を説明します。
発生過程　プラン後，高齢者の免許返納が義務化されるので免許を返納します。すると，高齢者は移動手段を失い，不健康になります。理由は2点。
a）移動能力の低下から高齢者は引きこもりがちになり，要介護状態になりやすくなります。
シニアライフアドバイザー，松本，2017年。『彼らから足を取り上げたら，どうなるか。当然ながら，家にひきこもりがちになる。交通網の発達している都会でも問題は同じだ。地域社会でボランティアや社会貢献に活躍しているアクティブシニアたちも，実は，車なしの活動は大変なのだ。（中略）こうしたことが続けば，まだまだ意欲のあるシニアでも，もうボランティアはやめようと思うかもしれない。それがきっかけで家に閉じこもるようになれば，要介護になりやすいという新たな問題を作るだけだ。』おわり。

b）運転自体をしなくなることと行動の範囲が狭まることで高齢者の認知能力が低下します。
NEWSポストセブン，2016年。『山梨大学大学院総合研究部の伊藤安海・准教授がいう。「自動車の運転は相当な刺激を脳に与える，いわば"脳トレ"になっ

ています。(中略)そうした"脳トレ"の習慣を急にやめてしまうと，一気に認知能力が落ちる危険性があるのです」また，運転をやめることで買い物や病院通い，友人に会うといった行動が一気に減ると，同様に脳の機能を低下させる恐れがあると伊藤氏は続ける。』おわり。

高齢者が要介護になるリスクが8倍，認知症の発症リスクが上昇します。同調査とは国立長寿医療研究センターによる調査です。
皇學館大学教授，笠原，2020年。『同調査では，運転を中止した高齢者は運転を継続していた高齢者と比較して，要介護状態になる危険性が約8倍に上昇することが明らかにされた。認知症発症との関連を調べたところ，運転をしていた高齢者は運転をしていなかった高齢者に対して，認知症のリスクが37％減少することも報告されている。これは，運転のような高度な認知機能を必要とする活動の保持が，認知症への抑制効果を持つことを示唆していると考えられる。』おわり。

　なぜデメリットが深刻かを説明します。
深刻性　本人と家族の生活の質を下げるのみならず，社会保障費の増大につながる要介護や認知症となる期間は短くするように努めるべきです。
平成28年版　厚生労働白書。『日常生活に制限のある「不健康な期間」の拡大は，個人や家族の生活の質の低下を招くととともに，医療費や介護給付費等の社会保障費の増大にもつながる。国立社会保障・人口問題研究所の日本の将来推計人口によれば，今後も我が国の平均寿命はさらに延びることが予測されており，平均寿命の延び以上に健康寿命を延ばすことが重要となる。』おわり。」

（4）肯定側質疑
　肯定側の質疑担当者が否定側の立論担当者に質問をします。

肯定側「固有性ですが，現在でも高齢者が運転により健康が維持できているという証明はされていないですよね。」

否定側「発生過程 a）で自動車が運転できることでボランティアや仕事ができていること，発生過程 b）で移動手段があることで脳トレや社会交流ができていることを証明しているので，現在でも高齢者が運転により健康が維持できているという証明はできています。」

肯定側「発生過程 a）で『家に閉じこもるようになれば，要介護になりやすい』と述べていますが，なぜ家に閉じこもると要介護になるのでしょうか？」
否定側「発生過程 a）や b）で述べたように，運転できないことでどこかへ行き，体を動かすことが減少して運動能力が低下すること，さらに人と会って刺激を受けることが減少するなどの理由により要介護となるリスクが上昇します。」

肯定側「発生過程 b）で『友人に会うといった行動が一気に減る』と述べていますが，家族の送迎であったり，公共交通機関による移動で十分に友人と会えるのではないでしょうか？」
否定側「友人については毎回家族の助けが得られるわけではありませんし，公共交通機関の利用では荷物を自分の手で運ばなくてはいけないので運搬が必要な趣味で繋がっている友人に会うことができなくなります。」

肯定側「発生過程の最後の資料は今回のプランに当てはまるのでしょうか。」
否定側「当てはまります。何故なら，『運転を継続していた高齢者』が現在でも免許を返納していない高齢者で，『運転を中止した高齢者』が今回のプランに相当するからです。」

肯定側「深刻性ですが，本人や家族の生活の質は大切かもしれませんが，人の命より大事なものなのでしょうか。」
否定側「今回は否定側の述べる生活の質も肯定側が述べる人の命も自分だけでなく他の人にも影響するのでどちらも大事です。ただし，肯定側の対象は1年で3,000人程度の交通死亡事故のさらに75歳以上だけと少ないですが，否定側

の対象は75歳以上の高齢者全てになるので対象者の点で否定側の問題の方がより大きいと思います。」

（5）否定側第一反駁（否定一反）
　否定側の第一反駁担当者が反駁をします。

否定側「解決性1の高齢者による自動車事故がなくなるに3点。
1点目，固有性で述べたように，代替の交通手段がある高齢者が免許を返納して，うまくいっているだけです。
2点目，高齢者の免許返納で自転車や歩行者による事故が増加します。
筑波大学教授，飯島，2012年。『公共交通機関が乏しい地方では，多くの高齢者が自動車に代わる物として自転車を挙げる。しかし，航続距離の短さや積載量の少なさ，耐候性の乏しさなどの弱点があるばかりでなく，自転車乗車中の高齢者の事故が極めて多いことから，代替手段として積極的に勧められる状況にはない。』おわり。
3点目，実際に海外の研究で事故が増加することが分かっています。
国立国会図書館，川西，2017年。『まず，年齢に基づく義務的なスクリーニングは，一般に安全に正の影響を与えるものではないことが示されており，むしろ，高齢者が歩行や自転車などのより危険にさらされやすい移動手段に移行することにより，負の影響があるとする研究結果も複数見られる。』おわり。

解決性2の民間・公共交通機関が発達するに2点。
1点目，全ての高齢者の免許が返納された状態で地方の民間や自治体が対応できるとは述べていません。
2点目，地方では全ての高齢者の移動に対応できません。
立正大学教授，所，2021年。『日本の地方社会では，普通乗用車やワゴン車を用いた「デマンド交通システム」は，運転免許返納後の高齢者の移動手段として，重要な役割を果たしているが，限界が見えてきている。大半が地方行政の福祉事業として行われており，財政的に運営が厳しいこと，ボランティアで行

われている場合もあるが，健康な高齢者が虚弱な高齢者を支援しているため，こちらも限界が見えている。』おわり。

重要性の高齢者の免許を一律に失効させる政策が必要については，事故が理由ですので解決性への反駁でむしろ事故は増えるので採用すべきではありません。一方で深刻性で述べた要介護や認知症になる高齢者の数は莫大です。よって，デメリットの方がより深刻です。」

(6) 肯定側第一反駁（肯定一反）
　肯定側の第一反駁担当者が反駁をします。

肯定側「メリットから，解決性1の事故が増加するについては，海外の研究で日本の話ではありません。解決性1で述べたように，日本では実際に免許を返納した高齢者は生活できています。また，どの程度事故が増えたかも示されていません。

解決性2の民間・公共交通機関では対応できないについては，限界が見えていると述べているだけです。解決性2の路線が廃止された地域でコミュニティバスや福祉運送，デマンド交通が行われています。つまり，路線廃止というプランで高齢者の移動手段が減少した場合と似た状況で代替交通が発達しているため，今回も代替交通が発達すると考えられます。

デメリット，発生過程 a）の移動手段を失うについて2点。
1点目，民間・公共交通機関や家族の送り迎えが残る中でどの程度，移動が減るのかが不明です。
2点目，高齢者は免許を返納しても問題なく生活は送れています。都市部，郊外部，山間地域それぞれに居住する免許返納者に対するアンケートの回答です。岡山大学准教授，橋本，2016年。『詳細は省くが，免許返納を行っても，通院頻度はほとんど変化せず，通院先の医療機関もほとんど変更されていない。返

納後の通院交通手段として送迎が大きな役割を果たしており，買物と比較して公共交通の利用率が高くなることが特徴である。通院は，買物と異なり，誰かに代行してもらうことはできないため，定められた受診日に本人が移動する必要があり，買い物では使用していない公共交通機関を使っての移動が増えているようである。』おわり。

発生過程b）の認知能力の低下については，前半の「脳トレ」は運転がどの程度寄与しているのかが不明です。後半の移動については解決性2で述べたように問題ないので認知能力は低下しません。

発生過程の最後の要介護リスクが8倍については，この調査が今回のプランに当てはまるかは不明です。

深刻性の不健康な期間は短くするべきについては，固有性が示されていない以上，高齢者の不健康な期間が伸びるのもわずかですし，高齢者の事故は死亡事故などの重大事故につながりやすいため，メリットの方がより深刻です。」

（7）否定側第二反駁（否定二反）
　否定側の第二反駁担当者が反駁をします。

否定側「メリットから，解決性1の事故については，資料の対象は固有性で述べたような，移動に問題がないため，免許を返納できている高齢者の話です。否定一反の1枚目，プランで全ての高齢者が運転を禁止されると歩行や自転車で移動せざるを得ない高齢者もいて，2枚目，実際に高齢者に免許を返納させた国では事故が増えたことを示している否定側の分析を採用すべきです。具体的な数がなくても増えているのは事実です。この時点で肯定に投票理由はありません。

解決性2の民間・公共交通機関については，肯定側は路線が廃止されて地域で

代替交通が行われたと述べているだけで，高齢者全ての運転を禁止する今回の状況に対応できるとは述べていません。否定一反の3枚目，地方では健康な高齢者が虚弱な高齢者の移動を担っているため，高齢者が一律に運転できなくなると移動ができなくなると述べている否定側に優位性があります。また，財政不足の話も残っています。

重要性については，むしろ事故は増えますし，仮に肯定側が主張するように減ったとしても否定の示している増加要因と比較してどの程度増えるかは示されていません。

デメリット，発生過程a）都会でも自動車がないと活動ができなかったり，地方では移動手段がなくなる人もいることから引きこもりがちになり，結果として介護状態になってしまいます。発生過程b）運転をしなくなることや行動の範囲が狭まることで高齢者の認知能力が低下し，認知症になりやすくなります。肯定一反の高齢者は免許を返納しても問題なく生活は送ることができている，は解決性2に依存していますがそこは先ほど反駁しました。

最後の統計は実際に免許を返納し運転できなくなった高齢者と運転を継続した高齢者とを比較しているので今回のプランに合致します。例えば要介護になる高齢者は8倍になるためデメリットのような被害を受ける高齢者の数は莫大なものになります。

深刻性については，本人と家族の生活の質を下げるのみならず，社会にも負担となる要介護や認知症となる期間は，さらに寿命が長くなることが想定される中，極力短くするよう努めるべきです。」

（8）肯定側第二反駁（肯定二反）
　肯定側の第二反駁担当者が反駁をします。

肯定側「デメリットから，発生過程の高齢者の移動が減少し，要介護状態や認知症になることについては，解決性2で述べたように高齢者の運転が禁止されれば，代替交通のような必要な移動に対する対策が取られ，肯定一反で述べたように実際，問題は起きていません。よって，移動機会の減少に起因する高齢者の要介護状態や認知症は増加しません。

深刻性については，発生過程の最後の資料に対して述べたように，仮に要介護状態が増加し，8倍になったとして，全体としてどの程度の増加となるかは不明です。また，交通事故で命を失ってしまえば何もできないので，まずは事故を減らすべきです。

メリット，内因性で示した通り，高齢者は加齢により運転技能が低下しており，認知症のおそれもあります。その結果，高齢者の事故率は高くなっており，とりわけ，歩道を歩く小学生の列に衝突するなどの重大事故が発生しています。

解決性1の事故の減少については，高齢者の運転を禁止するので事故の減少というメリットは確実に発生します。高齢者が被害者の事故はどれだけ増えるか不明です。さらに，海外でなく，日本で運転免許を返納した高齢者に対する分析で高齢者の安全性が高まることが示されています。よって，プランで交通事故の数は確実に減少する一方で，高齢者が被害者になることはあったとしてもそれほど発生しないため，事故は減少します。

解決性2の民間・公共交通機関については，高齢者の運転が禁止されれば代替交通が必要となるので準備されます。実際，路線が廃止された地域という今回の様に代替交通が必要な状況では代替交通が拡充されました。限界があるとしか述べていない否定側より，実際に交通手段が失われた状況を基に分析している肯定側に優位性があります。

重要性については，被害者はもちろん，それ以外にも高齢者自身とその家族と

いった人たちを救うためにも自動車の運転免許に対し，下限の18歳だけでなく，上限を75歳に定めるべきです。」

3　判定・講評をしてみよう

> やってみよう！
> これまでのシナリオディベートを受けて，審判役になり，付録の「17判定シート」を用いて試合の判定をしてみましょう。

「判定シート」を記載する際の注意点は以下の通りです。
- 肯定側・否定側のどちらに投票したかがわかるように記載します。
- どの論点をどのように評価し，どの程度の大きさとして評価したかを記載します。その結果，メリットとデメリットのどちらが大きいと評価したかがわかるようにします。

以下に，審判の判定と講評の例を示します。ぜひ，自分の判定と比較してみてください。

（1）判定の概要
肯定側からは高齢者による事故の減少，否定側からは高齢者が不健康になる，という立論が提示されました。これらの議論が反駁を経てどのような評価となり，最終的にメリットとデメリットのどちらが大きいと判断したのかを説明していきます。

（2）肯定側の議論
肯定側は内因性で高齢者による事故が多いこととアクセルとブレーキの踏み間違えなどの危険な事故が起きていること，そして，それらの原因について言及していました。これらにより，プランを採択する必要性は示せていたと思い

ます。さらに，解決性として，日本で実際に免許を返納された方々も問題なく生活できていること，路線が廃止され移動手段が減少したという今回に類似した状況で代替交通が発達したことも示されました。

　否定側からは主に解決性に対して反駁がありました。内因性にも反駁できたかと思いますが，時間の制限を考えるとデメリットとの関係もあり，解決性に絞ったのは良い判断だったと思います。まず，免許を返納された方々が問題なく生活できているのは，免許を返納しても生活に支障がない方々だからそうなっているのであり，一律に免許を返納すれば生活に支障が出る方が出てくるという話には一定の説得性がありました。また，代替交通が発達する，という話については特に地方では交通の担い手に高齢者が多く，今回のように高齢者全員が運転できなくなると交通の担い手がいなくなるという話でした。事故について，肯定側は日本で実際に安全に暮らすことができていると主張しましたが，今回は高齢者全員が運転できなくなった状況について分析をしている否定側の方が優れていると判断しました。ただし，比較的公共交通機関が発達している都市部においてはメリットが発生する場所もあるでしょうから，解決性1がないわけではないと判断しています。その結果，地方では事故に遭う高齢者が増えると判断しました。以上より，高齢者による交通事故は減少しても，否定側が主張する高齢者が被害者となる交通事故が一定数増加するため，交通事故の被害者が減少するというメリットはそこまで大きくはないと判断しました。

（3）否定側の議論

　否定側は固有性で現在免許が返納できているのは，免許を返納しても問題ない方たちであることを示しました。そして，発生過程で高齢者が免許を返納すると移動手段が減少することで移動そのものが減少し，結果として要介護状態や認知症が増加することが示されました。

　肯定側からは移動に問題がなければ要介護状態や認知症は増加しないという主張がなされました。しかし，この点はメリットの解決性2の議論で部分的に否定されましたので，不健康化する高齢者は一定数いると判断しました。一方で肯定側から，現在でも要介護状態や認知症になる高齢者がいる中でどの程度，

第3章　モデルディベートを体験してみよう

図3-2　17判定シート記入例

免許の返納により増加するかが示されていないという指摘がありました。この点については制限時間を考えると致し方ないかと思われますが，具体的には示されていませんでした。しかし，運転継続群と運転中止群とで要介護状態が8倍と認知症のリスクが37％減少するという形で差が出ていることは示されていましたので具体的には分かりませんが，要介護状態や認知症はそれなりに増加すると判断しました。

（4）議論の評価

　以上より，メリットは特に地方部において高齢者による事故が減るだけでなく，高齢者が被害者となる事故がむしろ増える可能性があることから，メリットはそれほど大きくないと判断しました。一方で，デメリットはメリットがそこまで大きくないことと運転をやめることで要介護状態や認知症が増加する可能性がそれなりにあると判断しましたので今回は否定側に投票します。

　みなさんの判定，講評はいかがでしたか。実際にディベートを行うだけでなく，このような流れで判定，講評を行うことでみなさんのディベートに対する理解をさらに深めることができたのではないでしょうか。「[17]判定シート」の記入例（図3-2）も示しますので，ぜひ参考にしてみてください。

> **学習課題**
> 　引用・参考文献の『スタートブック』『競技ディベートマニュアル』『はじめてのディベート』を参考に，モデルディベートをやってみましょう。

引用・参考文献

飯島節（2012）「認知症患者に自動車運転リハビリテーションは有効でしょうか？」『Geriat. Med.』50（2），185頁。

NHK解説委員室（2016）「「高齢ドライバー　相次ぐ事故を防ぐには」（時論公論）」（2016年12月23日閲覧），リンク切れ。

笠原正嗣（2020）「高齢者免許返納制度の社会的影響に関する一考察――「クルマの社会化」を見据えて」『皇學館大学現代日本社会学部　日本学論叢』（10），126-127頁。

川西昌大（2017）「諸外国における高齢者の運転免許制度」『調査と情報』（981），8頁。

警察庁（2020）「高齢運転者交通事故防止対策に関する調査研究」4頁。

産経新聞（2018）「【主張】高齢者の事故　免許年齢に上限の導入を」https://www.iza.ne.jp/article/20180530-S5A3KWHGMNIGHIKROCRBKZY62I/（2024年3月31日閲覧）。

全国教室ディベート連盟（掲載年不明）「モデルディベート」『スタートブック』https://nade.jp/learning/beginners/startbook/（2024年6月23日閲覧）。

天白達也（2011）「第2章　ディベートを見てみよう」『競技ディベートマニュアル』Law

Tension Press, 35-74頁。

所正文（2021）『高齢ドライバー問題への政策提言』学文社, 125頁。

TRiP EDiTOR・松本すみ子（2017）「奪われる「生活の足」。地方の高齢者は免許返納をどう乗り越えるのか？」https://tripeditor.com/164539（2024年3月31日閲覧）。

内閣府（2017）「特集「高齢者に係る交通事故防止」Ⅰ　高齢者を取りまく現状」https://www8.cao.go.jp/koutu/taisaku/h29kou_haku/gaiyo/features/feature01.html（2024年6月23日閲覧）。

西部直樹（2009）「再現編　論題「日本は酒をすべて対面販売にすべし」」『はじめてのディベート』あさ出版, 151-169頁。

NEWSポストセブン（2016）「高齢者の免許返納に伴う認知症リスク　識者「運転は脳トレ」」https://www.news-postseven.com/archives/20161201_470264.html?DETAIL（2024年3月31日閲覧）。

橋本成仁・山本和生（2013）「免許返納後の生活支援利用意向に関する研究」『土木学会論文集Ｄ３』69（5）, 441-442頁。

橋本成仁（2016）「運転しない暮らしの実現に向けて」『そんぽ予防時報　2016』(265), 22頁。

日野智・鈴木雄・保坂亜沙希（2013）「買い物送迎バスの運行が限界集落にもたらす効果と課題に関する研究」『土木学会論文集Ｄ３』72（5）, I_731頁。

平成28年版厚生労働白書「第1章　我が国の高齢者を取り巻く状況」12頁。

桃田健史（2017）『100歳までクルマを運転する』洋泉社, 125頁。

〈応援メッセージ〉
ディベートを始めるみなさんへ

　ディベートを始めることは，素晴らしい冒険のスタートですね。自分の意見を自分の言葉で表現することはみなさんの将来に役立ちます。よく調べて，相手の意見をよく聴きながら，自信をもって，自分たちの考えを明確に伝えてください。最初は何を話せばいいか分からないかもしれません。それでも何度か経験すれば，みなさんは立派なディベーターです。新しいアイデアや違った視点を求め，論点に対する洞察力を深め，楽しんで挑戦してください。

（白井輝希）

第Ⅱ部　モデルで学び，実践してみよう

第4章

ディベートの試合の準備をしよう
──ワークシートを用いて

　前章でディベートのイメージがついたかと思います。それでは，実際にディベートを行うためには何が必要でしょうか。ディベートは，論題について検討を重ねたのちに立論を作り，それに対する質問を予想し，その応答を検討します。そして，立論に対する反駁や再反駁も想定して，それに対処する準備が欠かせません。本章では，第3章の論題「高齢者の自動車運転免許の返納を義務化すべきである。是か非か」を例に，付録のワークシートを用いたそれらの作成・準備の仕方を説明します。

1　立論の作り方

　政策論題における立論では，論題を採択すべきかどうかを第三者である審判に意思決定してもらうための根拠として，肯定側はメリット，否定側はデメリットを提示することがほとんどです。ここでは，メリット・デメリットを準備する方法について説明します。

（1）メリットの成立要件

　論題を採択することから生じる「良いこと」がメリットですが，具体的には何を説明すればよいのでしょうか。第1章の5（4）メリット・デメリットの3要件を参照しながら，論題「高齢者の自動車運転免許の返納を義務化すべきである。是か非か」を例に考えてみます。この論題での肯定側は，高齢者の免許返納を義務化することの良い点を説明しなければなりません。それは例えば，「事故の減少」や，「経済的負担の軽減」が考えられますが，ここでは「事故の減少」をとりあげます。

　「事故の減少」を主張するためには，まず高齢者の免許返納の義務化によっ

て事故が減少することを説明する必要があります。免許返納が義務化されても事故が減らないのであれば、わざわざこの政策を導入しなくてよいからです。

　ただ、それだけでは不十分です。現在、高齢者による自動車事故が起こっているという問題がなければ、事故が減少すると主張したところで、初めから存在しない問題を解消しても意味がないので、論題を肯定する理由にならないからです。

　上記の2点を説明しても、まだ不十分です。事故が減ることが良いことなのか、良いことだとしてもそれが重要なことだと判断できるぐらい大きなことなのかが分からないと、高齢者の免許返納を義務化するという政策をわざわざ導入すべきとは言えないからです。

　以上をまとめると、メリットを成立させるためには、上とは順番が異なりますが、以下の三つの点を述べる必要があることが分かります（問題解決型のメリット）。

　①なぜ、現状を維持することが問題なのか
　　「高齢者による自動車事故が起こっているから」
　②なぜ、プランを導入すると問題が解決するのか
　　「免許返納を義務化すると高齢者による自動車事故がなくなるから」
　③なぜ、その問題を解決することが重要なのか
　　「自動車事故は起こると深刻で、多くの人の命を奪うこともあるから」
なお、①を内因性、②を解決性、③を重要性と呼びます。

（2）デメリットの成立要件

　プランを実行することから生まれる「悪いこと」がデメリットですが、こちらもメリットと同様に三つの点を述べる必要があります。ここでは「高齢者の不健康化」で考えてみます。

　①なぜ、現状を維持するとデメリットが発生しないのか
　　「高齢者は車をもっていることで気軽に外出でき、引きこもらないから」
　②なぜ、プランを導入するとデメリットが発生するのか
　　「免許返納を義務化すると、車で気軽に外出できなくなり引きこもるから」

③なぜ，そのデメリットが深刻なのか
　「高齢者が引きこもると不健康になり，社会保障費も増大するから」
なお，①を固有性，②を発生過程，③を深刻性と呼びます。
　実は，このデメリットの三つの成立要件は，メリットの三つの成立要件と対応しています。メリットは「今ある問題が論題によって解決される」ことを説明しているのに対して，デメリットは「今は存在しない問題が論題によって発生する」ことを述べており，必要な説明がメリットとデメリットで裏返しになるからです。①の内因性と固有性，②の解決性と発生過程，③の重要性と深刻性が対応関係にあることを理解しておくと，質問や反論を考える際のヒントになりますので，ぜひ忘れないようにして下さい。

（3）プランの提示

　ここまでは，ディベートで議論になる対象を「論題」としてきましたが，実際の試合では，論題をより具体化したプランについて議論が行われることがあります。プランが出されるのは，具体的な政策に基づいたほうがメリットを説明しやすいからであり，必ずプランを出さなければならないというわけではありませんので，必要がある場合に提示するのがよいでしょう。例えば，「日本はすべての石炭火力発電を代替発電に切り替えるべきである。是か非か」という論題では，代替発電が太陽光や風力の新エネルギー発電なのか，原子力発電なのか，あるいは LNG 火力発電なのかで，発生するメリットもデメリットも異なる可能性があります。こういった場合は，立論内でプランを提示すべきです。このとき注意してほしいのは，プランを述べる分，メリットの成立要件を説明する時間が減ってしまうことです。ですから，メリットの説明に必要な分だけを，コンパクトに述べるようにしてください。
　一方，本書における「ディベート」では，否定側は肯定側が具体的に示したプランから発生するデメリットを説明するので，否定側のプランは「現状維持」の立場をとることになります。ここで注意してほしいのは，現状維持は，今の世界がずっと変化しないわけではない点です。現状維持の立場であってもプランを採択しない場合でも起こる変化については，現状維持の立場が前提とする

ものとして考えなければなりません。すなわち，政策論題におけるディベートは，肯定側の主張する論題を肯定するプランを採択した未来と，否定側の主張する論題を否定するプラン（現状維持）を採択した未来のどちらが良いのかを互いに議論し，第三者が判断するものとして捉えることもできます。

（4）ワークシートを用いた立論の書き方

それでは，具体的に付録のワークシートを用いて立論を書いていきましょう。

① 「リンクマップ作成シート」にリンクマップを書く

リンクマップを書くことで，ディベートで議論するメリット・デメリットがどのように生じていくのかを見渡すことができます。メリットとデメリットの関係を考える，試合で使うメリットやデメリットを選ぶ，相手の議論を予測するなどの目的で作成します。

論題からすぐに思いつくプランを，「②リンクマップ作成シート」の中心の楕円の中に書き，そこからプランを導入することで起こることを思いつくままに書いていき，矢印でつないでいってください（図4-1）。そして，メリットやデメリットと言えそうなものまでリンクが伸びたときは，メリットやデメリットと書き，二重の丸で示しておくと分かりやすいです。

② 「肯定側システムマップ作成シート」を書く

リンクマップを書いていく中で，立論に使えそうなメリットやデメリットが出てきました。そのメリットを「③肯定側システムマップ作成シート」に書いていきます。例えば，「メリット：自動車事故の減少」を立論に使えると判断したとします。図4-1のリンクマップに書いたのはプラン後の話ですから，リンクマップにある「高齢者の免許返納義務化」→「高齢者が免許を返納する」→「高齢者が車を運転しなくなる」→「自動車事故の減少」の流れを，図4-2の太い枠で囲んだ部分のようにシステムマップの下の段に書いていきます。なお，リンクマップやシステムマップは議論を考えるために書いているので，リンクマップを一言一句そのままシステムマップに書かなければいけないもの

第Ⅱ部　モデルで学び，実践してみよう

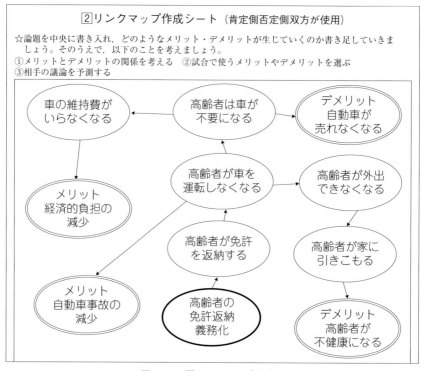

図4-1　②リンクマップ作成例

出所：筆者作成。

ではありません。必要に応じて，修正しながら書いていくとよいでしょう。実は，この図4-2の太い枠で囲まれた部分が，メリットの解決性にあたる部分です。

　次に，システムマップの上段を書いていきます。その際，プラン後の対応する部分の逆を書いていきます。例えば，図4-3の太い枠で囲んだ部分のように，下段の「高齢者の免許返納が義務化される」の逆，すなわち「高齢者の免許返納が義務化されていない」を上段に書くことになります。

　さらに，左から順に上段のリンクを伸ばしていきます。例えば，図4-4の太い枠で囲んだ部分のように，下段の「高齢者が免許を返納する」の逆，すな

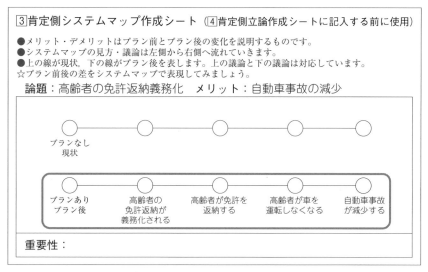

図4-2　③肯定側システムマップ下段作成例

わち「高齢者の免許を返納しない」を上段に書くことになります。

　以下同様に，下段の「高齢者が車を運転しなくなる」の逆「高齢者が車を運転する」を上段に，下段の「自動車事故が減少する」の逆「自動車事故が減少しない」を上段に書いていったものが，図4-5の太い枠で囲まれた部分になります。実は，この図4-5の太い枠で囲まれた部分が，メリットの内因性にあたる部分です。

　最後に，上段と下段のリンクを完成させた後，図4-6の太い枠で囲まれた部分のように重要性を書けば，肯定側システムマップが完成となります。

③「否定側システムマップ作成シート」を書く

　今度は，メリットと同じように，リンクマップを書いていく中で，立論に使えそうなデメリットを「⑦否定側システムマップ作成シート」に書いていきます。例えば，「デメリット：高齢者が不健康になる」を立論に使えると判断したとします。図4-1のリンクマップに書いたのは，プラン後の話ですから，リンクマップにある「高齢者の免許返納義務化」→「高齢者が免許を返納する」

第Ⅱ部　モデルで学び，実践してみよう

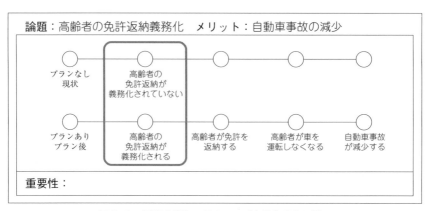

図4-3　③肯定側システムマップ上段作成中の例1

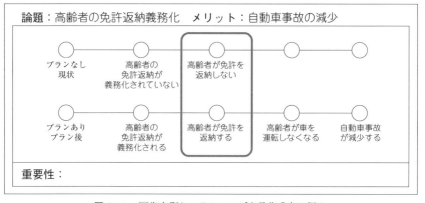

図4-4　③肯定側システムマップ上段作成中の例2

→「高齢者が車を運転しなくなる」→「高齢者が外出できなくなる」→「高齢者が家に引きこもる」→「高齢者が不健康になる」の流れを，図4-7の太い枠で囲んだ部分のようにシステムマップの下の段に書いていきます。実は，この図4-7の太い枠で囲まれた部分が，デメリットの発生過程にあたる部分です。

　なお今回は，リンクマップで書かれていた「高齢者の免許返納義務化」の部分ですが，システムマップ上では「プランあり・プラン後」の部分に含まれているので，書いてもよいのですが書かなくても分かるので書いていません。ま

第4章　ディベートの試合の準備をしよう

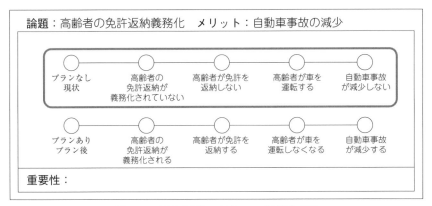

図4-5　③肯定側システムマップ上段作成例

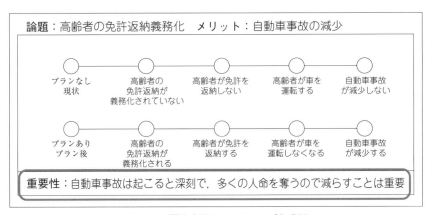

図4-6　③肯定側システムマップ作成例

た，リンクマップ上では「高齢者が外出できなくなる」→「高齢者が家に引きこもる」と書かれていましたが，システムマップ上では，まとめなくてもよいのですが，その二つを合わせて「高齢者が外出できず引きこもる」にまとめて書いています。あくまで，リンクマップやシステムマップは議論を考えやすくするために書いているものなので，あまり細かいことにこだわらずに，自分やチームメイトが分かりやすいように書いていけば十分です。また，今回はしませんでしたが，システムマップの○の数を右に増やしてリンクを長くしても，

第Ⅱ部　モデルで学び，実践してみよう

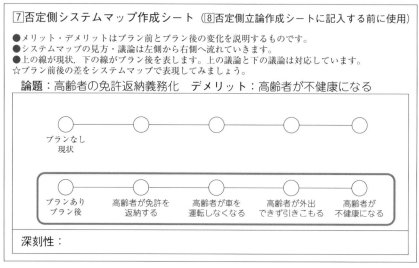

図 4-7　⑦否定側システムマップ下段作成例

もちろん問題はありません。

　次に，システムマップの上段を書いていきます。その際，プラン後の対応する部分の逆を書いていきます。例えば，図 4-8 の太い枠で囲んだ部分のように，下段の「高齢者が免許返納を返納する」の逆，すなわち「高齢者が免許を返納しない」を上段に書くことになります。

　さらに，左から順に上段のリンクを伸ばしていきます。例えば，図 4-9 の太い枠で囲んだ部分のように，下段の「高齢者が車を運転しなくなる」の逆，すなわち「高齢者が車を運転する」を上段に書くことになります。

　以下同様に，下段の「高齢者が外出できず引きこもる」の逆「高齢者が外出でき引きこもらない」を上段に，下段の「高齢者が不健康になる」の逆「高齢者が不健康にならない」を上段に書いていったものが，図 4-10 の太い枠で囲まれた部分になります。実は，この図 4-10 の太い枠で囲まれた部分が，デメリットの固有性にあたる部分になります。

　最後に，上段と下段のリンクを完成させた後，図 4-11 の太い枠で囲まれた部分のように深刻性を書けば，否定側システムマップが完成となります。

88

第4章　ディベートの試合の準備をしよう

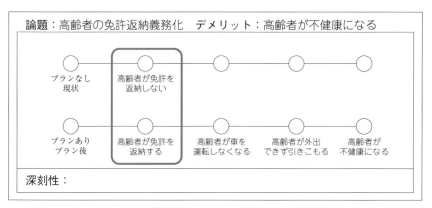

図4-8　⑦否定側システムマップ上段作成中の例1

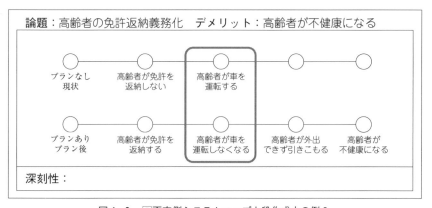

図4-9　⑦否定側システムマップ上段作成中の例2

　同様にリンクマップの中で，立論に使えそうだと思ったものはシステムマップにしていきましょう。

④「立論作成シート」を書く

　システムマップを書いた中で，立論に使えそうなメリットとデメリットを選び，メリットは「④肯定側立論作成シート」に，デメリットは「⑧否定側立論作成シート」に書いていきます。

　まず，書いたシステムマップを見ながら立論に採用するメリットを決めます。

89

第Ⅱ部　モデルで学び，実践してみよう

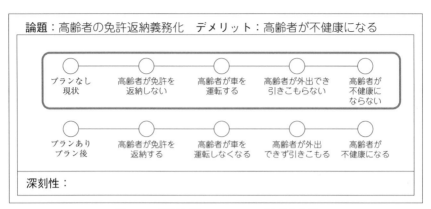

図4-10　[7]否定側システムマップ上段作成例

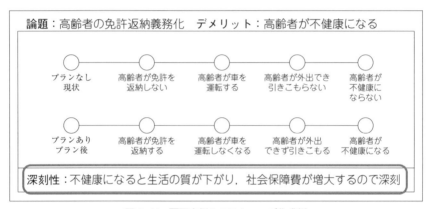

図4-11　[7]否定側システムマップ作成例

　今回は，「自動車事故の減少」を立論にすることに決めたとしましょう。まず最初に，図4-12のように「[4]肯定側立論作成シート」の上の部分に，選んだメリット「自動車事故の減少」のシステムマップを書きます。
　次に，図4-13のように「自動車事故の減少」を下の枠に書き写します。
　今度はシステムマップの上段を自分なりに相手に伝わりやすい文章に直しながら，「●現状の説明（プランなし）をします。」の下の欄に図4-14のように書いていきます。
　さらに，システムマップの下段を自分なりに相手に伝わりやすい文章に直し

第4章　ディベートの試合の準備をしよう

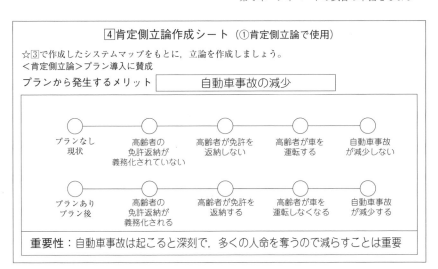

図4-12　4肯定側立論作成シート作成中の例1

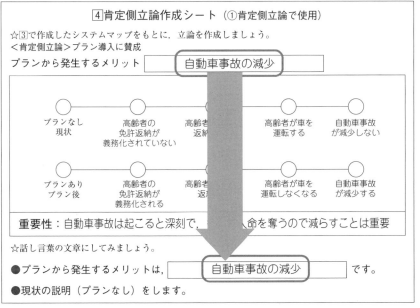

図4-13　4肯定側立論作成シート作成中の例2

第Ⅱ部　モデルで学び，実践してみよう

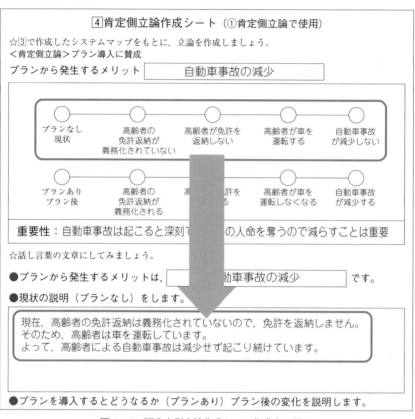

図4-14　4肯定側立論作成シート作成中の例3

ながら，「●プランを導入するとどうなるか（プランあり）プラン後の変化を説明します。」の下の欄に図4-15のように書いていきます。

　最後に，システムマップの重要性の部分を自分なりに相手に伝わりやすい文章に直しながら，「●なぜメリットは重要かを説明します。」の下の欄に図4-16のように書いていきます。「3肯定側システムマップ作成シート」では欄が小さくなぜ重要かの理由をしっかり書くことができませんでしたが，「4肯定側立論作成シート」には十分なスペースがあるので，しっかり書いてください。

　これで，メリットができました。そして，メリットを書いた手順と同じように，「7否定側システムマップ作成シート」を元に「8否定側立論作成シート」

第4章 ディベートの試合の準備をしよう

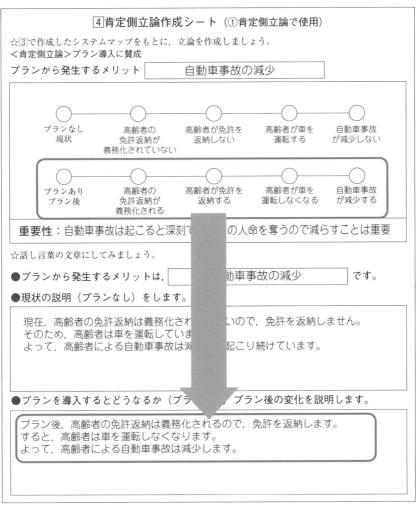

図4-15　4肯定側立論作成シート作成中の例4

を用いれば、デメリットも書くことができます。

　ここで重要なのが、説得力のある議論を展開するには、証拠資料として、事実や統計、専門家の発言などを引用するのが効果的です。第1章の4（5）の説明や第3章のモデルディベートでの実際の引用の仕方を参考にして、積極的

第Ⅱ部 モデルで学び，実践してみよう

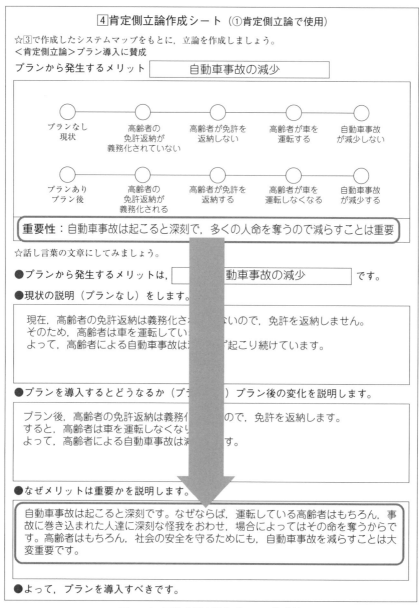

図4-16 ④肯定側立論作成シート作成例

に証拠資料を引用してください。

2　質問の作り方

　続いて質問の準備をしていきましょう。ディベートのパートの中で，質問のパートは日の目を見ることの少ないパートです。立論のように長く話をできる訳ではなく，反駁のように相手の議論に勝負をしかけたり，話をまとめたりするようなパートでもありません。また質問中は相手の応答を聞かなければならず（時間が奪われる），しかもルール的に質問で得られた内容はあくまで補足的なものと捉えられてしまい，試合の中で達成感や充実感を得られにくいパートでもあります。しかし，質問はディベートを始める上で最初に取り組みやすいパートです。というのも準備の段階で反駁をする人からアドバイスを受けて質問をすることができること，またさほど準備をしなくても取り組めるからです。一方で，期待する回答を得るために，もしくは反駁につなげるために質問を準備することは上級者でも難しいため，熟練者でも難しいパートでもあります。そんな質問の実際の役割や準備の仕方をみていきましょう。

（1）質問の役割
　まず，質問の役割を見てみましょう。質問は立論を聞いた直後のパートであることが多く，基本的に立論者を相手に質問することを想定します。役割としては大きく分けて次の①②に分かれます。

①分からなかったことを尋ねる
　みなさんは先生の授業が分からないときにどうしていますか。分からないままにしていませんか。普段の授業なら分からないことがあっても後で先生に質問したり，後日他の授業で分かるようになったりするかもしれません。もしくは分からないままでも困らないことだってあるでしょう。ですがディベートではそうはいきません。分からないことをそのままにしてしまうと，分からないまま試合を続けることになり議論を深めることが難しくなってしまいます。

ディベートでは，分からないことを質問できるように，立論の後には「質疑」という時間を設けています。実はディベートでは試合中に相手に分からないことを質問できるのは，この「質疑」の時間だけなのです。ですので遠慮はいりません，分からなかったことはドシドシ質問するようにしてください。例えば，第3章で肯定側立論や否定側立論に「認知症」や「要介護」という言葉が登場しますが，みなさんはその言葉の意味を知っていますか。もし少しでも疑問が残るなら是非この質疑の時間で質問してみましょう。

②反駁につなげる

　もう一つの役割は「反駁者（否定側質疑の場合は否定側立論者にも）につなげるための土台作り」です。こちらは「質疑」の後に続く第一反駁者が話す内容を，より審判に伝わりやすくするように，あらかじめ「質疑」で話題提示をするということです。方法はいろいろありますが，第3章の論題を例に考えてみましょう。

　まず第3章2（5）否定側第一反駁を見てください。最初に解決性1に対する反駁として，自転車による事故を話題に挙げています（「高齢者が免許返納すれば自動車による事故は減るが，自転車による事故が増えるため，事故という被害は減っていない＝問題が解決しない」という反駁）。ここで想像してみてください。もし質問が無く，いきなり自転車の話題が反駁で出ると審判としては突然出てくる話題のため理解するのに時間がかかるかもしれません。そこで第3章2（2）否定側質疑を見てみましょう。最初の質問で「運転に伴う事故は減るが，高齢者が被害者になる事故が減少すると証明しましたか」という内容が登場しています。このアピールがとても大事で，審判としては，反駁が始まる時に予想をしながら話を聞けるので理解がとてもスムーズになるのです（例えば，「高齢者は若年者の自動車の事故に巻き込まれる」という反駁でもするかな。それとも「高齢者は他の事故を起こす」のかな。等々）。

（2）準備や試合中の質問の立ち位置

　ディベートの試合では，（1）の②「反駁につなげる」の役割が重要視され，

準備の時間（試合前，試合中の両方）でも反駁を考えながら質問を準備していくことが多いです。「質疑」を担当する人はパート単独で考えるよりも，反駁者と一緒に質問を考えていくことが重要でしょう。反駁のための質問は難しいと言われていますが，最初は反駁する場所を相手に確認するだけもいいでしょう（「メリットの現状の説明で〇〇と言われていましたよね」と確認するだけでも十分です）。慣れてくると，反駁を考えている時に，一緒に質問も考えられるようになってきます。

ここでアドバイスがあります。例えば試合中，それこそ立論が話し終わってから質問する内容を考えるなんて無理と思っている人もいるかもしれません。これは半分正解で半分誤りです。例えば，質問の役割の①「分からなかったことを尋ねる」の場合は，その場で思いつく類に近いでしょう。一方，役割の②「反駁につなげる」では，試合が始まる前から準備が可能です。だからこそ本書では，質問にもワークシートを用意しました。その使い方を説明していきましょう。

（3）ワークシートを用いた質問の書き方

それでは具体的に質問作成シート5 9を利用して質問の準備をしていきましょう。共通する書き方として，質問をする時に，いきなり質問をしていくのではなく，相手のスピーチのどこに質問をしようとしているのか，一言添える言葉が必要で，これを「立論引用」に示します。

①反駁につなげる質問

順序が逆になりますが，まず反駁につながる質問を考えていきます。なぜなら，こちらは試合が始まるまでの事前準備で反駁と一緒に質問を考えていく必要があるからです。

まず，質問を考える上で，どのようなメリットやデメリットがあるかを作成したリンクマップから確認します。続いて，メリットやデメリットにどのような反駁を行うか考えていきます。具体的な反駁の作り方は後述します（先に反駁の作り方を読んでから戻ってきてもいいです）。

第Ⅱ部　モデルで学び，実践してみよう

⑤否定側質問作成シート　（②否定側質疑で否定側が使用）		
☆論題から考えられる肯定側立論に対する質問を考えましょう。		
プランから発生するメリット		高齢者による自動車事故の防止
Q1	立論引用	解決性2で免許返納後は高齢者がバスなどを使用するということですが
	質問内容	高齢者は免許返納後もバスを使うということですね。
	追加質問	

図4-17　⑤否定側質問作成シートの例1

⑤否定側質問作成シート　（②否定側質疑で否定側が使用）		
☆論題から考えられる肯定側立論に対する質問を考えましょう。		
プランから発生するメリット		高齢者による自動車事故の防止
Q1	立論引用	解決性2で免許返納後は高齢者がバスなどを使用するということですが
	質問内容	日本のある地域だけの話で，海外等で全国一律に高齢者が運転できなくなる法律ができたという話ではないですよね。
	追加質問	・この資料は地方公共自治体によるコミュニティバスの運行などが行われているだけで，うまくいっているとまでは述べていないですよね。 ・他の地域でうまくいくとは限らないですよね。

図4-18　⑤否定側質問作成シートの例2

　具体的に反駁を想定した質問を考えていきましょう。最初は反駁につながる質問を考えるのは大変だと思います。そこで，はじめは反駁を行いたいところを反復して聞き返すだけでも構いません。例えば，メリット「高齢者による自動車事故の防止」について図4-17のように質問を作ってみましょう。
　慣れてくれば，図4-18のように反駁で使う予定の資料に含まれる言葉を利用しながら質問を考えてもいいですし，質問を行い返ってきた答えを予想して，

第4章　ディベートの試合の準備をしよう

```
┌─────────────────────────────────────────────┐
│      ⑨肯定側質問作成シート（④肯定側質疑で肯定側が使用）│
│ ☆論題から考えられる肯定側立論に対する質問を考えましょう。│
│   プランから発生するデメリット　┌──────────────┐│
│                              │  高齢者の不健康化  ││
│                              └──────────────┘│
├─────┬──────┬────────────────────────────┤
│┌────┐│ 立論引用 │発生過程b）で要介護と言う言葉がありましたが，│
││高齢者の││      │                                │
││不健康化││      │                                │
│└────┘├──────┼────────────────────────────┤
│  Q2   │ 質問内容 │要介護とはどのような病気ですか？        │
│       │      │                                │
│       ├──────┼────────────────────────────┤
│       │ 追加質問 │                                │
│       │      │                                │
└─────┴──────┴────────────────────────────┘
```

図4-19　⑨肯定側質問作成シートの例

さらに質問するといった方法をとってもいいです。

②分からなかったことを尋ねる質問

　続いて，分からなかったことを尋ねるときの質問を用意してみましょう。とはいっても特別な書き方や用意をするわけではなく，素直に分からなかったことを尋ねる内容でワークシートを埋めていけば大丈夫です。

　ただ，みなさんが思いもよらないメリットやデメリットが登場するかもしれません。その時はワークシートの「Q」の欄に太い枠で囲んだ部分のようにメリット，デメリットを書いて質問を準備しても構いません。例えば，第3章のモデルディベートで否定側立論の中に「要介護」という言葉があります。もしこの言葉が分からなかったとすれば，試合中の準備時間に図4-19のようにワークシートに書き込んで質問してもいいでしょう。

③作成した質問を取捨選択する

　質問のワークシートには，「否定側から肯定側へ」の⑤と「肯定側から否定側へ」の⑨があります。それぞれで準備を進めましょう。

　このように，いくつかの質問を準備しておけば，あとは記入したワークシー

99

第Ⅱ部　モデルで学び，実践してみよう

6 肯定側応答作成シート（②否定側質疑で肯定側が使用）		
☆否定側からの質問を予想し，対する応答を考えましょう。		
プランから発生するメリット		高齢者による自動車事故の防止
Q1	立論引用	解決性1で高齢者による自動車事故がなくなると言っていましたが
	予想される質問	運転の禁止で加害者になる事故がなくなるだけで，高齢者が被害者になる事故が減少するという証明はされていないですよね。
	応答	解決性1で免許を返納した高齢者が安全に暮らせている，とあるので事故は減少します。これは，解決性2で示したように，免許を返納することで，代替交通が発達するため，高齢者が被害者にはならないからです。

図4-20　6 肯定側質問応答作成シートの例

トにしたがって質問するだけですが，他のパートに比べて「質疑」の時間は短く，また相手からの応答を聞く時間も含まれるため，聞きたい事が全て聞けるか分かりません。そこで，質問の項目がたくさんある（目安としては1分あたり2個以上ある）ようなら，試合の準備時間中に優先順位をつけてみましょう。ここは反駁の選手と相談しながら行った方がいいので，一人で行わずにチーム全体で相談していきましょう。

3　応答の作り方

　ここまでは質問をする選手の準備をしてきました。では，質問をされた選手（ディベート甲子園のルールでは立論者になります）は，どのように準備をしたらよいでしょうか。本書では，それぞれ応答用の応答作成シート 6 10 も用意しました。これを活用していきましょう。

（1）ワークシートを用いた応答の書き方
　例えば，「6 肯定側質問作成シート」を利用してみましょう（図4-20）。まずメリットはみなさんの考えたものを記入します。続いて，そのメリットに想定

100

される質問を考えて（例として「高齢者による自動車事故の防止」）書いていきます。あとは，それに対応する応答を書いていきましょう。なお，応答はなるべく立論者が考えた方がよいです。というのも，実際に答えやすい話し方で書き込んでいく方がよいからです。もし立論を作成する人が他の人の場合は（例えば第二反駁の選手が立論を書いている），その人に準備した応答を見てもらいながら，必要に応じて修正をしていきましょう。

（2）ワークシートを用いない応答の作り方

　もう一つの方法として，立論を元に，立論者と質疑者で実際に質問と応答を行ってみるのもよいでしょう。この時は，特に時間は気にせず，また質問内容も厳選せず，なるべくたくさんの質問をしていきましょう。

　これはワークシートを用いた場合にも役立ち，新しい質問が思いついたときは，また質問作成シートに書き込んでいくとよいでしょう。もちろん，応答の内容も応答作成シート⑥⑩に記載していきましょう。

4　第一反駁の作り方

　それではいよいよ反駁です。
　まず，第一反駁では，相手の立論に対する反論や，自分たちの立論を守るため，立論に対する反論への再反論を行う必要があります。このような反駁を準備する方法について，いくつかポイントを説明します。

（1）反駁の種類

　一口に反駁と言っても，以下に述べるとおり，その効果によっていくつかの種類があります（数字が大きいほど強くなります）。

レベル1：相手の議論にケチをつける
　　　　　「免許返納でどの程度移動の自由が制約されるか分からない」
レベル2：相手の議論を部分的に否定する

「公共交通機関が整備された都会や送り迎えする家族がいる家庭では移動の自由は失われない」
レベル3：相手の議論を完全に否定する
「免許返納させた国で調査した結果移動の自由には全く影響がなかった」
レベル4：相手の議論をひっくり返す（ターンアラウンド）
「免許返納で送迎サービスが拡大してむしろ便利になる」

　理想的な反論は，相手の議論に理由がないことを示しつつ（レベル1），それに対して自分たちのほうで十分に理由のある反論を加え（レベル2〜3），さらに相手の議論をひっくり返す強力な反論をする（レベル4）という組合せです。ケチをつけるだけでなく，積極的な否定やターンアラウンドとセットで反論することを目指しましょう。
　逆に，再反論をする際には，相手の反論がどのレベルのものかを意識し，より強い反論から優先的に再反論するようにしましょう。

（2）反駁の4拍子

　反駁には，決められた型があります。以下の四つの順番（反駁の4拍子）を守ってスピーチできるようにしましょう。反論作成シート11 12や立て直し作成シート13 14も，この4拍子を意識していますので，それに沿ってスピーチをすることで，反駁の流れが自然と身につくでしょう。

① どこに反論するのかを示す
　最初に，相手の議論のうちどこに反論するのかを示します。これは，議論の流れをきちんとフローシートに取ってもらうためでもありますし，反論の対象についてきちんと示すことで，その後の反論が分かりやすくなるという意味もあります。反論対象となる相手の議論を，要約などしつつ引用すると分かりやすいでしょう。

第４章　ディベートの試合の準備をしよう

②自分たちの主張を述べる
　反論対象の議論に対してぶつける自分たちの主張を述べます。これは，自分たちがする反論の要約に当たります。後で証拠資料を引用する場合には，証拠資料を理解してもらうために，自分たちの反論の理由付けとなる証拠資料の内容を簡単に要約して，主張と共に述べると効果的です。

③理由を述べる
　主張を述べた後は，それを裏付ける理由を述べます。ここでは証拠資料を用いることが多いのですが，自分たちの主張や相手方の議論によっては，証拠を用いない理由付けでも説得的な反論が出来るでしょう。証拠資料を用いない場合は，②と③が一緒になってもよいでしょう。ただし，その場合も，主張を先に述べてから理由を言うほうが分かりやすいことが多いです。

④結論を述べる
　理由を述べた後は，自分たちの反論によって相手の議論をどう評価すべきなのか，結論を述べます。これは，②で述べた主張と一部重複しますが，単なる繰り返しではなく，その主張（自分たちの反駁）によって対象となる議論をどのように評価すべきか（メリット・デメリットの発生を全部否定するのか，一部否定するのか，逆の結論になるのか等）を説明し，反論の位置づけを審判にアピールしましょう。

　以上の反駁の４拍子を意識して，「⑪否定側反論作成シート」に添って記入した一例が図４-21です。これをもとにスピーチをすると，以下のようになります。

「①メリットの解決性１で，免許の返納で自動車事故が無くなるという話がありました。②しかし，高齢者は免許返納により自転車に乗るようになり，その結果自転車事故が増えます。
③△△大の〇〇教授は20XX年にこう述べています。『免許を返納させても高齢

第Ⅱ部 モデルで学び，実践してみよう

```
┌─────────────────────────────────────────────────────────┐
│     　 11 否定側反論作成シート （⑤否定側第一反駁で使用）        │
│  ☆肯定側からの立論に対する否定側の反論を作成しましょう。         │
│   プランから発生するメリット　│　自動車事故の減少　│          │
│ ┌─────────────────────────────────────────────────┐     │
│ │   ○         ○          ○         ○        ○    │     │
│ │ プランなし  高齢者の    高齢者が免許を  高齢者が車を  自動車事故 │     │
│ │  現状    免許返納が    返納しない    運転する    が減少しない │     │
│ │       義務化されていない                          │     │
│ │                                                 │     │
│ │   ○         ○          ○         ○        ○    │     │
│ │ プランあり  高齢者の    高齢者が免許を  高齢者が車を  自動車事故 │     │
│ │ プラン後   免許返納が    返納する    運転しなくなる  が減少する  │     │
│ │       義務化される                              │     │
│ └─────────────────────────────────────────────────┘     │
│  重要性：自動車事故は起こると深刻で，多くの人命を奪うので減らすことは重要  │
│ ・・・・・・・・・・・・・・・・・・・・・・・・・・・・・・・・・・・・ │
│ 1．引用                                                │
│  □現状の説明で　□プラン後の説明で                       │
│  □重要性で　　□その他：＿＿＿＿，│免許の返納で自動車事故が無くなる│と言いましたが │
│ 2．主張　│高齢者は免許返納により自転車に乗るようになり，その結果自転車事故が増えます。│ │
│ 3．根拠　なぜならば，                                  │
│ │免許を返納させても高齢者の外出の必要性はなくならないので，高齢者は代わりに自転車に乗るようになります。しか│ │
│ │し，体力や知覚能力が衰えた高齢者にとって自転車の運転は自動車以上に難しく，自転車事故の多発が予想されます。│ │
│ 4．まとめ                                              │
│  □よって，（現状に問題はないので）プランを導入する必要はありません。│
│  ☑よって，メリットは発生しません。                         │
│  □よって，メリットは重要ではありません。                    │
│  □その他│　　　　　　　　　　　　　　　　　　　　│           │
└─────────────────────────────────────────────────────────┘
```

図4-21　11 否定側反論作成シート記入例

者の外出の必要性はなくならないので，高齢者は代わりに自転車に乗るようになる。しかし，体力や知覚能力が衰えた高齢者にとって自転車の運転は自動車以上に難しく，自転車事故の多発が予想される。』おわり。
④よって，自動車事故が自転車事故に変わるだけで，自転車事故でも自動車とぶつかれば命の危険が生じるため重大性は変わらないので，メリットが発生するとはいえません。」

第4章　ディベートの試合の準備をしよう

図4-22　内因性への反論例

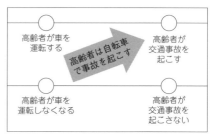
図4-23　解決性への反論例

（3）反駁のパターン

　反駁には，立論のどこを狙うのかに応じて，有効なパターンがいくつか存在します。反駁を考える参考として，代表的なものを紹介します。

●メリットの内因性への反論
　①内因性の議論そのものが間違っている
　　「高齢者の事故は多くない」
　②プランを導入しなくても問題は解決する
　　「20XX年に高齢者向け教習・テストが導入されるので問題ない」
　③現状に問題はない
　　「運転が難しくなった者は免許を自主的に返納している」
　②や③のような反論は，反論作成シート⑪⑫で想定する相手方の議論のシステムマップ上で，上の線から下の線に右斜め下の線をつなげるような話を作れないか，という視点で考えると思いつきやすいです（図4-22）。

●メリットの解決性への反論
　①解決性の議論そのものが間違っている
　　「海外で自主返納により事故が減った例があるというが分析がおかしい」
　②プランの効果はない／小さい／目標を達成できるほどではない
　　「返納を義務付けても自動車以外の移動手段がない地方では無免許で運転してしまうのでプランの効果は生じない」

105

第Ⅱ部　モデルで学び，実践してみよう

　③プランを導入しても別の要因で問題が解決されなくなる

　　「免許を自主返納させても自転車や歩きでの事故が増えるので事故は減らない」

　④プランは問題の原因を正しく解決しない

　　「事故が多いのは高齢者より若者なので高齢者に免許を返納させても事故は減らない」

　②～④のような反論は，反論作成シート11 12で想定する相手方の議論のシステムマップ上で，下の線から上の線に右斜め上の線をつなげるような話を作れないか，という視点で考えると思いつきやすいです（図4-23）。

●デメリットの固有性への反論

　①固有性の議論そのものが間違っている

　　「自動車の運転で健康が維持されている事実はない」

　②現状でも問題は起こっている

　　「現在でも過疎化が進んでおり自動車に乗れたとしても生活に支障が生じている」

　③プランを導入しなくても将来同じような問題が起こる

　　「自動運転の技術が導入されるため自動車に乗っても認知症は防げない」

　②や③のような反論は，反論作成シート11 12で想定する相手方の議論のシステムマップ上で，上の線から下の線に右斜め下の線をつなげるような話を作れないか，という視点で考えると思いつきやすいです（図4-24）。

　なお，固有性を攻撃する場合，同時に自分たちのメリットの内因性も攻撃してしまうことがよくあるので，注意しましょう（例えば，上記③の例だと，自動運転が発達すれば高齢者の事故も減りそうです——そもそも免許の必要がなくなるのかもしれません）。

●デメリットの発生過程への反論

　①発生過程の議論そのものが間違っている

　　「運転の有無と認知症の発生率には何の因果関係もない」

第4章　ディベートの試合の準備をしよう

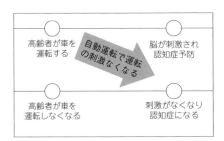

図4-24　固有性への反論例

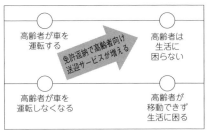

図4-25　発生過程への反論例

②別の要因によりデメリットの発生は防がれる

「免許を返納しても自転車に乗るようになるので生活はできるし認知症にもならない」

③プランを取ると別の要因が働いてデメリットの発生を防ぐ

「免許返納が行われると高齢者の需要に応えて送迎サービス等が充実する」

④プランだけではデメリットの発生には至らない

「生活が困るというには，自動車がなくなるということだけでなく，自動車以外の交通手段がないことの証明が必要となるが，後者の証明がない」

⑤プランの影響はデメリットの発生に足りない

「自動車に乗らなくなることで運転による刺激は得られなくなるかもしれないが，それ以外にも頭を使う余暇や仕事はあるから，認知症が増えるまでには至らない」

②〜⑤のような反論は，反論作成シート⑪⑫で想定する相手方の議論のシステムマップ上で，下の線から上の線に右斜め上の線をつなげるような話を作れないか，という視点で考えると思いつきやすいです（図4-25）。

●メリットの重要性やデメリットの深刻性への反論

①質的に（自分たちの議論と比べて）重要／深刻でない

「高齢者の健康状態が悪くなることより，そもそも生命にかかわる交通事故を減らすことのほうが高齢者にとって重要」

②量的に重要／深刻でない

第Ⅱ部　モデルで学び，実践してみよう

「交通事故が XXX 件減るというが，割合で言えば全事故の Y%にすぎず，死亡事故は ZZ 件しかないので，全体から見れば大きな問題ではない」

これらの反論は，システムマップの右下のゴールについて議論するものです。本当に相手のメリット・デメリットが大きいと言えるのか，という視点で批判的に考えてみましょう。自分たちの議論と比べて考えることもできます。

5　第二反駁の作り方

第二反駁では，個々の反論（ポイントは第一反駁と同じです。反駁の4拍子を意識しながら，「⑬肯定側立て直しシート」（図4-26），「⑭否定側立て直し作成シート」（図4-27）で準備しましょう）だけでなく，試合を総括して，自分たちが勝っていることをアピールすることが求められます。具体的には，①その試合の勝ち筋を示す，②勝ち筋に関係する争点に決着をつける，という二つのスピーチが求められます。以下，これらのスピーチの要点を説明します。

（1）勝ち筋を示す

「勝ち筋」とは，自分たちの勝利を説明する判定理由のことをいいます。こういう風に考えれば我々の側の勝ちになる，というストーリーを想定した上で，それを予告として話すことができれば，説得的なスピーチができます。

勝ち筋を見つけるには，相手から反論がなかったりして立証が生き残った部分や，有利に決着できそうな議論に着目し，それを起点に説明できないか考えてみるというのが有効です。例えば，高齢者免許返納論題の否定側で「免許返納で自動車に乗らなくなると高齢者が不便になり生活できなくなるという議論が残りそうだ。なので，『一部の高齢者の事故のために運転できる高齢者も免許返納を強いられて生活できないのはおかしい』とか，『高齢者以外の危険なドライバーが必ず免許返納させられるわけでないことと比べて不公平だ』ということでデメリットの大きさを強調しつつメリットを上回っていこう」といったことを考えることができます。このように考えると，勝ち筋として「この試合のポイントは高齢者が不便になるというデメリットをどう考えるかです。車

第4章 ディベートの試合の準備をしよう

```
┌─────────────────────────────────────────────────┐
│     13 肯定側立て直し作成シート（⑥肯定側第一反駁で使用）      │
│ ☆否定側に反論されたことを肯定側が立て直すためのシートです。立論の立て直しをしましょう。│
│  プランから発生するメリット　[　　自動車事故の減少　　]    │
│ 1. 引用                                          │
│  □現状の説明　□プラン後の説明     [自動車事故の代わりに  │
│  □重要性　　　□その他：_____，  自転車事故が増える ]  に対して否定側第一反駁で　と言いましたが，│
│ 2. 主張                                          │
│  [全体で見れば事故の被害は減少します。]              │
│ 3. 根拠　なぜならば，                              │
│  [自転車事故より自動車事故のほうが危険だからです。]    │
│ 4. まとめ                                        │
│  □よって，（現状に問題があるので）プランを導入する必要があります。│
│  ☑よって，メリットは発生します。                   │
│  □よって，メリットは重要です。                     │
│  □その他 [　　　　　　　　　　　　　　　　　　]      │
└─────────────────────────────────────────────────┘
```

図4-26　13 肯定側立て直し作成シート記入例

```
┌─────────────────────────────────────────────────┐
│     14 否定側立て直し作成シート（⑦否定側第二反駁で使用）      │
│ ☆肯定側に反論されたことを否定側が立て直すためのシートです。立論の立て直しをしましょう。│
│  プランから発生するデメリット　[　高齢者が不健康になる　]    │
│ 1. 引用                                          │
│  □現状の説明　☑プラン後の説明     [車に乗れなくても自転  │
│  □深刻性　　　□その他：_____，  車などで外出する　]  に対して否定側第一反駁で　と言いましたが，│
│ 2. 主張                                          │
│  [プランによって高齢者の外出は確実に減ります。]        │
│ 3. 根拠　なぜならば，                              │
│  [車に乗れないと行動範囲は確実に狭くなり，不便なので，外出しようとする機会が少なくなるからです。]│
│ 4. まとめ                                        │
│  □よって，デメリットは論題と関係があり，プランを導入しなければ発生しない問題です。│
│  ☑よって，デメリットは発生します。                 │
│  □よって，デメリットは深刻です。                   │
│  □その他 [　　　　　　　　　　　　　　　　　　]      │
└─────────────────────────────────────────────────┘
```

図4-27　14 否定例立て直し作成シート記入例

がないと生活できない高齢者から一律に車を奪うことは許されない，というのが否定側の立場です。」といった説明をすることができます。

109

上記のようなストーリーめいた説明でなくても、「メリットは〜〜の理由でなくなっているがデメリットは〜〜が残っている」「〜〜という違いからデメリットよりメリットの方が大きい」など、メリット・デメリットの発生や大きさについて具体的に説明できれば、勝ち筋としては十分です。

こうした作業を成功させる一番のコツは、反駁スピーチ以前の段階で目的意識をもって議論を出すことにあります。立論や第一反駁を準備する際に、その議論を第二反駁でどうやってアピールするかということを意識して準備するようにしましょう。

なお、勝ち筋を説明するというのは非常にレベルの高いことですので、無理に行う必要はありません。また、第二反駁の最初から話すのではなく、最後にまとめとして話すことでも問題ありません（後で述べる「争点」の説明を終えた後で、それを振り返る形でスピーチします）。一番分かりやすいのは、最初に頭出しとして勝ち筋の要点を述べ、それに沿って個々の議論のうちポイントになるもの（争点）をまとめ、最後に争点のまとめを踏まえて自分たちに投票すべき理由を説明する（勝ち筋の振り返りをする）という構成です。しかし、そのようなスピーチは熟練した選手でも困難ですので、できるところまでスピーチすれば十分です。

（2）争点に決着をつける

第二反駁には、勝ち筋を説明するために重要な議論、すなわち争点について、自分たちの主張が上回っていることを説明して決着をつけることが求められます。

争点について話す際には、メリット・デメリットの3要件に関連付けて、どこが争点になりそうなのかを意識し、「どの部分について話しているか」を説明した上でスピーチをしましょう。争点に決着をつけるスピーチの方法としては、以下のようなものがあります。

①争点に関する相手の議論が全部間違っていることを示す
　「相手の議論を完全に否定できている反論が残っている場合にそれを強調する」

②自分たちの議論の理由付けが相手方の理由付けを踏まえたより深い分析になっていることを示す

「否定側は免許返納で公共交通機関がないので生活が不便になると言っているが，肯定側は，一時的にそうなることを踏まえつつ，不便さを解消して利益を生むため送迎サービスが普及するといっており，長期的には肯定側の方が深い分析をしている」

③自分たちの議論は客観的データに基づいているが相手方はそうでないことを示す

「肯定側は免許返納で事故が減ると言っているが，否定側は免許返納をさせた国で事故が減らなかったデータを出している」

④自分たちの議論は相手方の議論より細かく精密な分析ができていることを示す

「肯定側は日本全体の公共交通機関の状況を分析して免許がなくても生活できると言っているだけだが，否定側は過疎地域に絞った分析をしてそこでは車がないと生活できないことを示しており，過疎地域の話については否定側の方が精密に分析できている」

（3）第二反駁の準備方法

　第二反駁のスピーチはそれまでの議論の展開に左右されるので，事前に準備しておくことは簡単ではありませんが，自分たちの議論や，予想される相手方の議論を踏まえて，こんなスピーチができると理想的だな，というまとめを用意することは可能です。「⑮否定側まとめ作成シート」（図4-28），「⑯肯定側まとめ作成シート」（図4-29）に，こんなまとめをしたい，というスピーチを作ってみてください。

　まずは，相手の議論（肯定側の場合は「相手のデメリット」，否定側の場合は「相手のメリット」）をどうまとめるかを考えます（図4-18，4-19の☆1）。自分たちの反駁で強いと思うものについて，相手の再反駁も想定しつつ，再反駁されてもこれだけは言えそうだといった内容をまとめておくようにしてください。

　次に，自分たちの議論（肯定側の場合はメリット，否定側の場合はデメリット）

第Ⅱ部　モデルで学び，実践してみよう

---

15 否定側まとめ作成シート（⑦否定側第二反駁で使用）

●これまでの議論をまとめて否定側の勝利を主張するためのシートです。

☆1.　メリットの評価：試合の議論を整理し，メリットが小さいことを説明しましょう。

肯定側は立論で，　| 自動車事故の減少 |　が発生すると言いました。

> しかしながら，高齢者の全員が事故を起こすという証明はありませんでした。肯定側は単に高齢者によるひどい交通事故があるということを示しただけです。
> また，高齢者の中には，自分で運転が難しいと判断して自主的に免許を返納する人が増えており，プランを取らなくても事故のリスクは小さくなってきています。

よって，メリットは，立論通りの大きさではありません。

｝相手の議論のまとめ

☆2.　デメリットの評価：試合の議論を整理し，デメリットが残っていて，それが深刻な問題であることを説明しましょう。

一方，我々は，否定側立論で，| 高齢者が不健康になること |　が発生すると言いました。

> 肯定側は，プラン後も自転車で移動するなら外出するので不健康にならないと主張しています。
> しかしながら，自転車のほうが体力を使うので，高齢者が車の代わりに自転車で外出するようにはなりません。また，自転車で行けるところは限られるので，自転車を使うにしても，これまでより外出で行けるところが減り，家にいる時間が増えてしまいます。これによって，体を動かす機会が減ったり，刺激が減って認知症が増えたりすることは避けられません。

よって，デメリットは発生し，それは深刻な問題です。

｝自分たちの議論のまとめ

☆3.　メリットとデメリットの比較：上の1と2をふまえて，なぜメリットよりデメリットが大きいかを説明しましょう。

以上をふまえると，デメリットがメリットを上回っています。なぜならば，

> デメリットは，車の運転に支障のない高齢者も含めた高齢者全体に発生してしまうからです。
> 自動車事故は高齢者に限らず起こるものなのに，運転が難しくなっているのに免許を返納しない一部のドライバーのために，全ての高齢者が不便な思いをし，不健康になってしまうことは問題です。

以上より，プランを導入すべきではありません。

｝自分たちの議論が相手の議論を上回っている理由

図4-28　15否定例まとめ作成シート記入例

第4章　ディベートの試合の準備をしよう

|16|肯定側まとめ作成シート（⑧肯定側第二反駁で使用）
●これまでの議論をまとめて肯定側の勝利を主張するためのシートです。

☆1. デメリットの評価：試合の議論を整理し，デメリットが小さいことを説明しましょう。
否定側は立論で， 高齢者が不健康になること が発生すると言いました。

> しかしながら，自動車に乗らなくなるというだけで外出しなくなるというのは，論理が飛躍しています。自転車で移動することもできるし，歩いて近所の公園に行くことなども可能です。高齢者の方々が，現在健康維持のためにどんなことをしているのか，それが自動車なしにはできないのか，ということの説明がない以上，自動車に乗れないせいで不健康になる，ということにはなりません。

よって，デメリットは，立論通りの大きさではありません。

｝相手の議論のまとめ

☆2. メリットの評価：試合の議論を整理し，メリットが残っていて，それが重要な問題であることを説明しましょう。
一方，我々は，肯定側立論で， 自動車事故の減少 が発生すると言いました。

> 高齢者の中に加齢のせいで反応が悪くなるなどして運転すべきでない人がいることや，そのような人が免許を自主返納せず事故を起こしている例があることについては否定されていません。高齢になるほど運転が難しくなり，それなのに運転できてしまう以上，高齢になればなるほど事故の発生が増えることは明らかです。
> 肯定側は，そういう人は一部で，自主返納する人もいると主張しますが，一部といっても高齢ドライバーの方が事故の危険が大きく，そのような人の運転を禁止することで事故は確実に減ります。

よって，メリットは発生し，それは重要な問題です。

｝自分たちの議論のまとめ

☆3. メリットとデメリットの比較：上の1と2をふまえて，なぜデメリットよりメリットが大きいかを説明しましょう。
以上をふまえると，メリットがデメリットを上回っています。なぜならば，

> 自動車事故では罪のない人の命が失われることもあり，被害が大きいからです。自動車に乗れなくて不便なことが多少発生するとしても，生命を優先すべきです。一定の年齢まで自動車免許が取れないのと同様，自動車のように危険な道具は，扱える能力が落ちてきた年齢になったら乗れなくなるとしても仕方ありません。

以上より，プランを導入すべきです。

｝自分たちの議論が相手の議論を上回っている理由

図4-29　|16|肯定側まとめ作成シート記入例

113

をどうまとめるかを考えます（図4-28，4-29の☆2）。相手の反駁で強そうなものについてどう言い返すかをまとめたり（「13肯定側立て直しシート」や「14否定側立て直しシート」の内容と重複しても構いません），自分たちの議論のポイントを要約してまとめたりしておくとスピーチに役立ちます。

最後に，自分たちの議論が相手の議論を上回っているといえる理由をまとめましょう（図4-28，4-29の☆3）。これは，先に説明した「勝ち筋」の説明に当たります。単に「メリットがデメリットより大きい」とか「メリットは発生しないので否定側の勝ち」といったことではなく，双方の議論が残っているとしても，自分たちの議論の方が大きいといえる理由を考えましょう。「自分たちの議論の方が影響範囲が大きい」「自分たちの議論の方が起きたときの影響が大きい」「自分たちの議論の方が確実に発生する」などいろいろな説明方法が考えられますので，☆1や☆2のまとめも見ながら，どんな説明ができそうか考えてみましょう。

実際の試合では，予想と違った立論や反駁が出てきたり，準備していた反駁が出せなかったりして，想定したまとめ通りにまとめられないこともあると思いますが，その際には，新しく出た話を追加したり，出てこなかった議論は省いたりと，試合展開に合わせてアレンジしてください。まとめ作成シートの主な役割は，原稿としてそのまま読むことではなく，まとめを作る過程でスピーチする内容をイメージすることにあります。

まとめを作成すると，説得的なまとめをするためには立論や第一反駁でもっと違う話をしておく必要がある，ということに気づきます。その場合，立論や第一反駁の担当者とも相談して，議論を改訂しましょう。第二反駁そのものを準備するというより，よい第二反駁ができるように立論や第一反駁を工夫することが，第二反駁の効果的な準備となります。

以上のように，ワークシートを使って準備をすることで，慣れていなくてもスピーチができるようになります。また，ワークシートを作る過程で，議論の考え方やスピーチの基本的な型も身につけることができます。

参考・引用文献

安藤香織・田所真生子編（2002）『実践！アカデミック・ディベート——批判的思考力を鍛える』ナカニシヤ出版。

久保健治・関真一郎・天白達也（2009）『ディベートワークブック——練習問題で学ぶ・はじめてのディベート〔増補改訂版〕』全日本ディベート連盟。

全国教室ディベート連盟『ディベート甲子園スタートブック』ダウンロード版，https://nade.jp/wp-content/uploads/2020/11/startbook20131.pdf（2025年1月26日閲覧）。

全国教室ディベート連盟東海支部（2005）『DVD教材テキスト　ディベートで学ぶエネルギー問題』。

天白達也（2018）『競技ディベートマニュアル』http://lawtension.blog99.fc2.com/blog-entry-203.html（2025年1月26日閲覧）。

〈応援メッセージ〉

議論の難しさと楽しさ

　ディベートに取り組む多くの方から，「議論って難しい！」という感想を聞きます。そう，議論するというのは簡単なことではありません。準備には時間がかかりますし，調べれば調べるほど分からないこと，対策すべきことが出てきます。いろいろな考え方があり，どちらが正しいかよく分からなくなってきます。でも，これらの悩みは，みなさんが真摯に議論に取り組んでいるからこそ生じるものです。

　こうした苦しみを乗り越えた先には，自分なりの答えを見つける楽しさ，その答えを上回る議論に出会える興奮，自分たちの主張が認められた時の達成感が待っています。議論は難しいからこそ奥深くて面白いのです。その中で，議論は一人ではできないということ，対戦相手も難しいテーマに取り組む仲間であり，論破ではなく互いに考えを深めるのが議論の目的であるということを実感できるはずです。みなさんが，ディベートを通じて議論を楽しむことで，自分の世界を広げるとともに，社会に豊かな議論を広げていかれることを期待しています。

（天白達也）

第Ⅱ部　モデルで学び，実践してみよう

第5章

環境問題を考える
——小売店の深夜営業について

　　　　　本章では，環境問題をテーマにしたディベートに取り組みます。一般的に，環境問題とは，人々の活動によって地球環境に変化が生じて起こる問題のことをいい，これを放置すると，自然災害が多発し，飢餓や貧困の拡大など人の生活や命につながりかねません。

　　　　　このような人々の活動に起因する環境問題の解決のために，社会システムの大きな変容が求められている現在，ディベートで具体的な政策を様々な角度から検討することは，大変意義があります。そこで，「日本は，小売店の深夜営業を禁止すべきである。是か非か」の論題を通じて，環境問題について考えていきます。

1　論題解説
　　　——「日本は，小売店の深夜営業を禁止すべきである。是か非か」

（1）身近な「小売店」の「深夜営業」

　日本フランチャイズチェーン協会によると，コンビニエンスストア（コンビニ）7社の2024年12月現在の店舗数は55,736店です。このほとんどが24時間営業であることと，コンビニ以外の存在も考えると，全国各地に深夜営業している小売店がたくさんあることが分かります。みなさんもコンビニや飲食店を深夜に利用したことがあるのではないでしょうか。

（2）「深夜営業」と「小売店」の仕組みと特徴

　日本では身近な深夜営業ですが，世界を見渡せば必ずしも一般的ではありません。例えば，ドイツには「閉店法」という法律があります。この法律によると，日曜日と祝日の店の営業は，一部例外はありますが原則として禁止されており，午後8時から翌朝6時までは店を開いてはいけないことになっています。

日本も「セブン-イレブン」がその名の通り元々は午前7時〜午後11時を営業時間としていたように、最初から深夜営業をしていたわけではありません。1975年に初の24時間営業のコンビニが登場したことを皮切りに、日本人のライフスタイルの多様化も相まって、徐々に深夜まで営業時間が拡大されていきました。2000年には、スーパーマーケット等一定以上の規模を有する小売店の営業時間を規制していた大規模小売店舗法（大店法）が廃止され、大型店でも深夜営業が可能となりました。コンビニほどの店舗数はありませんが、深夜にスーパーを利用したことがある方もいるかと思います。

（3）「深夜営業」と「小売店」の利点と欠点
　急にお腹が空いた時に弁当が買えるなど、深夜に買い物をしたいという消費者のニーズがあるのは間違いなく、それと売り上げを伸ばしたい経営者との思惑が合致し、深夜営業は行われています。
　しかし、電力消費量の増加や温室効果ガスの排出、従業員の過重労働の懸念等がかねてから指摘されており、近年人手不足を背景に深夜営業の見直しが進んでいます。実際、2016年から2017年には、イオンが「2016年3月から首都圏1都2県の総合スーパーの約7割で営業時間を短縮」、すかいらーくが「2017年4月までに、『ガスト』や『ジョナサン』などの24時間営業の店舗のうち約7割の店舗を原則午前2時閉店へ変更」など、様々な企業で具体的に営業時間が見直されました。また、コロナ禍をきっかけとしたライフスタイルの変化もあり、深夜営業の見直しの機運は高まっているようにみえますが、コンビニを中心とした24時間営業は、多くの店舗で行われているのが現状です。その原因の一つに、深夜帯の利益は実は少ないが、他がやっているから我々もやらざるを得ないという競争心理によるものだという指摘もあります。

（4）「深夜営業」と「小売店」の定義
　ディベートにおいては、かみ合った議論を行うために、必要に応じて言葉を定義します。この論題は、第22回ディベート甲子園中学の部と同じで、そこでは二つの付帯事項で、「深夜営業」と「小売店」を定義していました。これで

問題なく試合が展開できておりましたので，本章は以下の付帯事項に基づいて議論をしていくこととします．

- ここでいう小売店とは，商品を消費者に売る有人の店舗とし，飲食店を含む．ただし，ガソリンスタンドは除く．
- ここでいう深夜営業とは，午後10時から午前5時までの販売，配送とする．

以上を踏まえて，具体的に肯定側はどのようなメリットを，否定側はどのようなデメリットを提出できるか，いくつか例を挙げて検討してみます．もちろん，これら以外のメリット・デメリットも考えられるので，自分なりに検討してみてください．

2　考えられるメリット

（1）温室効果ガスの排出削減

深夜の営業がなくなると，照明や空調の利用が減るので，使用するエネルギー量は削減されます．よって，環境への負荷が減るので，温暖化が深刻化する現在少しでも取り組むべきだという主張です．

しかし，深夜の閉店中であっても冷蔵・冷凍機器の稼動を止められないので，コンビニを24時間から16時間営業にしても思ったほど温暖化削減には寄与しないという試算もあります．是非，どの程度削減されるのかを具体的に調べていただき，その具体的に削減される量がなぜ重要なのか／重要でないのかを議論してください．なお，エネルギーの使用量が減ることは，当然コストカットになるので，店の利益になるという議論ももちろん可能です．

（2）過重労働の解消

深夜営業というビジネスモデルは，労働者に過重な負担をかけており，残業代が支払われず長時間労働を強いられる「名ばかり店長」や，深夜帯のシフトを1人で担当する「ワンオペ」等，深夜営業の店舗運営に関して社員や従業員

の過重労働が問題となってきた事例があります。また，コンビニオーナーとその家族の長時間労働もマスコミ等で度々取り上げられています。そこで，深夜営業を禁止することで，労働環境を改善しようという主張です。

しかし，営業時間を減らすとその分雇用される従業員も減ってしまう可能性もあり，そうなると深夜営業をやめたところで，それほど負担軽減にはならないかもしれません。また，そんなに大変なら，別の仕事に変わればよいのではないかという主張も考えられます。ですから，肯定側は，小売店で働いている人が過重労働になっている原因が，本当に深夜営業にあるのか，なぜ過酷な労働をやめることができないのかを丁寧に分析する必要があります。

(3) 犯罪の減少

深夜営業をすることで，小売店に対する強盗などの危険性が高まっているという意見があります。そこで，深夜営業を禁止することで，犯罪を減らそうという主張です。一般的に，人目が多い日中よりも人目につかない深夜に強盗の被害が出ることが多いと言われています。また，深夜営業をしている小売店では，従業員が少なく，より狙われやすくなっているという意見もあります。実際，コンビニの強盗被害は深夜の割合が多いようです。

しかし，強盗をするのは，お金に困っているなどの理由があるからで，小売店の深夜営業がそもそもの原因ではないという主張もあります。また，犯罪をしなければいけない状況に追い込まれているのであれば，昼間の店舗に強盗することや，閉店して人がいない店舗に侵入して窃盗をすることも考えられ，犯罪そのものの数は減らないという意見もあります。ですから，肯定側は，単に小売店が深夜に犯罪の被害にあっていることを主張するだけでは，十分な説明になっていないことに注意してください。

3　考えられるデメリット

(1) 利益の減少

足りないものに気づいて，急に深夜に買い物をした経験のある方もいらっ

しゃるかと思います。元々，行っていなかった深夜営業が，ここまで広まったことも鑑みると，深夜の営業をやめることで，店の利益が減る可能性があります。また，24時間営業は，消費者のいつでも開いているという心理的な安心感が作用することで顧客の来店頻度が上がり，その結果として昼間の売上高が増える効果があるという意見があり，コンビニ各社はその効果を狙って24時間営業を行っているという主張もあります。

しかし逆に，深夜帯の営業は，ほとんど売り上げに寄与しないという主張もあります。さらに，コロナ禍を経たライフスタイルの変化や少子高齢化の進展による深夜の買い物ニーズが少ない高齢者の増加，ネット通販の利用率の増加など，深夜営業が普及していった以前とは，社会環境が大きく変わっています。ですから否定側としては，深夜営業がどれだけ経営にプラスになっているのかを，その理由とともにできれば具体的な数値をもって示す必要があります。

（2）雇用機会の減少

深夜営業は，過酷な労働環境である面もありますが，雇用機会を創出してる面もあります。それがなくなってしまうというのが，この主張です。しかし，人手不足の影響もあり，あえて過酷な深夜労働を避ける労働者も多いため，深夜労働の雇用機会がなくなっても影響は小さいという主張も可能です。ですから，否定側は，小売店の深夜に働いている人たちが，生活をするうえで必要不可欠な収入を得ていることや深夜の小売店以外で働くことが難しいこと，またそういった人たちが具体的にたくさんいることなどを説明する必要があります。

（3）防犯機能・災害拠点機能の低下

夜遅く帰宅する途中に後ろから男の人についてこられた際にコンビニに駆け込んだなど，深夜まで小売店が営業していることが，防犯の機能として重要になっているという主張があります。また，災害があった場合に必要なものを入手できることから，災害拠点機能としてもコンビニが重要な役割を果たしているという意見もあります。実際，様々な自治体がコンビニと防犯協定を結んでいますし，コンビニ大手3社は2017年に災害対策基本法に基づく「指定公共機

関」に指定されています。しかし，小売店や飲食店は，防犯や災害のために存在しているわけではなく，営利目的の民間企業です。本来公的な機関が担うべき役割を，果たして小売店に求めることが妥当なのかといった指摘もあるかと思います。

4 よりよい議論をするためのヒント

　ある政策の是非について考えるためには，様々な点を考えなくてはならず，小売店の深夜営業禁止も例外ではありません。ディベートに慣れていないと，どうやって議論を考えればよいのか分からず，途方に暮れる人もいるかもしれません。そんなときは，深夜営業を禁止することで影響を受ける人たちを，具体的にイメージしてみましょう。小売店を利用する消費者，小売店を経営する店長，そこで働く店員，深夜遅く帰宅する人など，小売店の深夜営業を禁止する前と後で，影響を受ける人たちがどう変わるのかを考えることで，どんなメリット・デメリットを提出すればよいのか，どんな反論をすればよいのかのヒントが得られるはずです。

　環境問題は，影響が多岐に渡るので，たくさんのことを考慮しなくてはなりませんが，この機会によく調べ，考えることで，自分なりの意見をもっていただければと思います。

5 ワークシートを用いてディベートしてみよう

> やってみよう！
> 　本章の解説をもとに，実際のディベートを想定して，122頁から始まるワークシートを用いて本論題について考えてみましょう。
> 　その後，肯定側，否定側，審判に分かれてディベートをしてみましょう。

第Ⅱ部　モデルで学び，実践してみよう

②リンクマップ作成シート（肯定側否定側双方が使用）

☆論題を中央に書き入れ，どのようなメリット・デメリットが生じていくのか書き足していきましょう。そのうえで，以下のことを考えましょう。
①メリットとデメリットの関係を考える　②試合で使うメリットやデメリットを選ぶ
③相手の議論を予測する

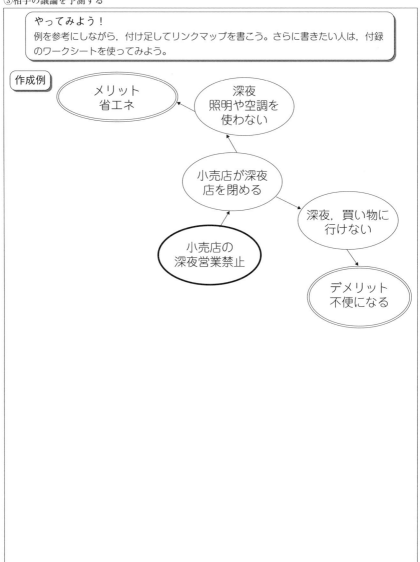

やってみよう！
例を参考にしながら，付け足してリンクマップを書こう。さらに書きたい人は，付録のワークシートを使ってみよう。

第 5 章　環境問題を考える

③肯定側システムマップ作成シート　(④肯定側立論作成シートに記入する前に使用)

●メリット・デメリットはプラン前とプラン後の変化を説明するものです。
●システムマップの見方・議論は左側から右側へ流れていきます。
●上の線が現状，下の線がプラン後を表します。上の議論と下の議論は対応して
☆プラン前後の差をシステムマップで表現してみましょう。

やってみよう！
例を参考に，システムマップを2つ書いてみよう！

論題：小売店の深夜営業の禁止　　メリット：省エネ

作成例

```
○─────○─────○─────○─────○
プランなし  小売店の      小売店が深夜  深夜，照明や  省エネに
現状     深夜営業が    店を開ける   空調を使う   ならない
        禁止されていない

○─────○─────○─────○─────○
プランあり  小売店の      小売店が深夜  深夜，照明や  省エネに
プラン後   深夜営業が    店を閉める   空調を使わない なる
        禁止される
```

重要性：店の利益を増やしたり，温暖化を少しでも防いだりするために省エネは重要

論題：小売店の深夜営業の禁止　　メリット：

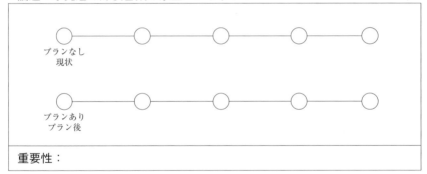

重要性：

論題：小売店の深夜営業の禁止　　メリット：

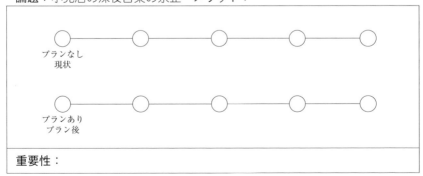

重要性：

第Ⅱ部　モデルで学び，実践してみよう

4 肯定側立論作成シート（①肯定側立論で使用）

☆ 3 で作成したシステムマップをもとに，立論を作成しましょう。
＜肯定側立論＞プラン導入に賛成

プランから発生するメリット：省エネ　　　　　作成例

| プランなし 現状 | 小売店の深夜営業が禁止されていない | 小売店が深夜店を開ける | 深夜，照明や空調を使う | 省エネにならない |
| プランあり プラン後 | 小売店の深夜営業が禁止される | 小売店が深夜店を閉める | 深夜，照明や空調を使わない | 省エネになる |

重要性：店の利益を増やしたり，温暖化を少しでも防いだりするために省エネは重要

☆話し言葉の文章にしてみましょう。

● プランから発生するメリットは，省エネ　です。

● 現状の説明（プランなし）をします。

> 現在，小売店の深夜営業は禁止されていません。
> そのため，コンビニ等の小売店が深夜，店を開けています。
> 深夜，店を営業することで，照明や空調を使うことになります。
> その結果，無駄なエネルギーを使っており，省エネになりません。

● プランを導入するとどうなるか（プランあり）プラン後の変化を説明します。

> プランを導入すると，小売店の深夜営業は禁止されます。
> そのため，コンビニ等の小売店は深夜，店を開けることができません。
> 深夜，店を閉めることになるので，照明や空調を使いません。
> その結果，無駄なエネルギーを使わなくなるので，省エネになります。

● なぜメリットは重要かを説明します。

> ①省エネになることで光熱費が減るので店の利益が増えます。エネルギー価格が高騰する中，収益を上げたい小売店にとって，大変重要です。
> ②地球沸騰化と言われるように，現在，温暖化が深刻です。よって省エネに取り組み環境問題に寄与することは，大変重要です。

● よって，プランを導入すべきです。

第 5 章　環境問題を考える

④肯定側立論作成シート（①肯定側立論で使用）

☆③で作成したシステムマップをもとに、立論を作成しましょう。
＜肯定側立論＞プラン導入に賛成

プランから発生するメリット ［　　　　　　　　　　　　　　　　］

> やってみよう！
> 124頁を参考に、立論作成シートを完成させよう！

☆ここには、123頁に自分で書いた2つのシステムマップどちらか一方を書きましょう。

○——○——○——○——○
プランなし
現状

○——○——○——○——○
プランあり
プラン後

重要性：

☆話し言葉の文章にしてみましょう。

●プランから発生するメリットは、［　　　　　　　　　　　　］です。

●現状の説明（プランなし）をします。

●プランを導入するとどうなるか（プランあり）プラン後の変化を説明します。

●なぜメリットは重要かを説明します。

●よって、プランを導入すべきです。

125

第Ⅱ部 モデルで学び，実践してみよう

5 否定側質問作成シート（②否定側質疑で否定側が使用）

☆論題から考えられる肯定側立論に対する質問を考えましょう。

プランから発生するメリット　　　省エネ

やってみよう！
例を参考にして，Q2〜Q4を書いてみよう！

作成例 Q1	立論引用	省エネになるとおっしゃいましたが
	質問内容	深夜営業を禁止すると，具体的にどのぐらい省エネになりますか？
	追加質問	①店の利益は，具体的にどのくらい増えますか？ ②地球温暖化に，どのくらい寄与できますか？

Q2	立論引用	
	質問内容	
	追加質問	

Q3	立論引用	
	質問内容	
	追加質問	

Q4	立論引用	
	質問内容	
	追加質問	

第5章　環境問題を考える

6 肯定側応答作成シート（②否定側質疑で肯定側が使用）

☆否定側からの質問を予想し，対する応答を考えましょう。

プランから発生するメリット　　　省エネ

やってみよう！
例を参考にして，Q2～Q4を書いてみよう！

作成例 Q1	立論引用	省エネになるとおっしゃいましたが
	予想される質問	深夜営業を禁止すると，具体的にどのぐらい省エネになりますか？
	応答	2007年11月30日第27回中央環境審議会地球環境部会・産業構造審議会環境部会地球環境小委員会合同会合でのFC協会資料によると，24時間から16時間営業にすると店舗におけるエネルギー消費量は5～6％程度の削減になります。

Q2	立論引用	
	想定される質問	
	応答	

Q3	立論引用	
	想定される質問	
	応答	

Q4	立論引用	
	想定される質問	
	応答	

第Ⅱ部　モデルで学び，実践してみよう

7 否定側システムマップ作成シート （8 否定側立論作成シートに記入する前に使用）

●メリット・デメリットはプラン前とプラン後の変化を説明するものです。
●システムマップの見方・議論は左側から右側へ流れていきます。
●上の線が現状，下の線がプラン後を表します。上の議論と下の議論は対応して
☆プラン前後の差をシステムマップで表現してみましょう。

> やってみよう！
> 例を参考に，システムマップを2つ書いてみよう！

論題：小売店の深夜営業の禁止　デメリット：不便になる

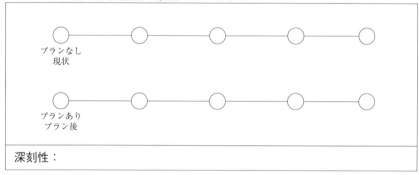

深刻性：急に深夜に必要となったものが購入できず困るので深刻

論題：小売店の深夜営業の禁止　デメリット：

深刻性：

論題：小売店の深夜営業の禁止　デメリット：

深刻性：

第5章 環境問題を考える

8 否定側立論作成シート（③否定側立論で使用）

☆7で作成したシステムマップをもとに、立論を作成しましょう。
＜否定側立論＞現状維持（プラン導入に反対）　　　　　　　　　作成例

プランから発生するデメリット　　　　不便になる

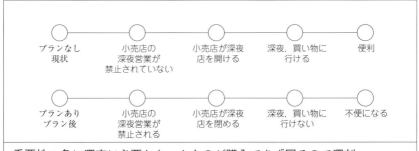

重要性：急に深夜に必要となったものが購入できず困るので深刻

☆話し言葉の文章にしてみましょう。

●プランから発生するデメリットは、　　不便になる　　　です。

●現状の説明（プランなし）をします。

現在、小売店の深夜営業は禁止されていません。
よって、コンビニ等の小売店が深夜、店を開けています。
そのため、深夜、急に必要なものが出たときに、買い物に行けます。
これは、非常に便利です。

●プランを導入するとどうなるか（プランあり）プラン後の変化を説明します。

プランを導入すると、小売店の深夜営業は禁止されます。
よって、コンビニ等の小売店は深夜、店を開けることができません。
そのため、深夜、急に必要なものが出ても、買い物に行けません。
これは、非常に不便になります。

●なぜデメリットは深刻かを説明します。

深夜残業終わりに帰宅したら冷蔵庫に何も入っていなかったとき、深夜宿泊先で化粧品とコンタクト洗浄液を忘れていることに気づいたとき、深夜停電した時に懐中電灯の電池が切れていたとき等、深夜急に買い物をしなければならない場面は少なからずあります。よって、深夜買い物ができず不便になることは、大変深刻です。

●よって、プランを導入すべきではありません。

第Ⅱ部　モデルで学び，実践してみよう

8 否定側立論作成シート（③否定側立論で使用）

☆ 7 で作成したシステムマップをもとに，立論を作成しましょう。
＜否定側立論＞現状維持（プラン導入に反対）

プランから発生するデメリット ☐

> やってみよう！
> 129頁を参考にして，立論作成シートを完成させよう！

☆ここには，128頁に自分で書いた２つのシステムマップどちらか一方を書きましょう。

○───○───○───○───○
プランなし
現状

○───○───○───○───○
プランあり
プラン後

重要性：

☆話し言葉の文章にしてみましょう。

● プランから発生するデメリットは，☐　です。

● 現状の説明（プランなし）をします。

● プランを導入するとどうなるか（プランあり）プラン後の変化を説明します。

● なぜデメリットは深刻かを説明します。

● よって，プランを導入すべきではありません。

第5章　環境問題を考える

9 肯定側質問作成シート （④肯定側質疑で肯定側が使用）

☆論題から考えられる肯定側立論に対する質問を考えましょう。

やってみよう！
例を参考にして，Q2～Q4を書いてみよう！

プランから発生するデメリット　　　不便になる

作成例 Q1	立論引用	深夜，急に必要なものが出たときに買い物に行けるとおっしゃいましたが
	質問内容	深夜に急に買い物をしないといけないのは，具体的にどんなときですか？
	追加質問	①店が開く朝まで購入を待つことはできませんか？ ②深夜に店が閉まっているのであれば，事前に買っておきませんか？

Q2	立論引用	
	質問内容	
	追加質問	

Q3	立論引用	
	質問内容	
	追加質問	

Q4	立論引用	
	質問内容	
	追加質問	

第Ⅱ部　モデルで学び，実践してみよう

10 否定側応答作成シート（④肯定側質疑で否定側が使用）

☆肯定側からの質問を予想し，対する応答を考えましょう。

プランから発生するデメリット　　｜　不便になる　｜

> やってみよう！
> 例を参考にして，Q2〜Q4を書いてみよう！

作成例 Q1	立論引用	深夜，急に必要なものが出たときに買い物に行けるとおっしゃいましたが
	予想される質問	深夜に急に買い物をしないといけないのは，具体的にどんなときですか？
	応答	立論でも述べたように，深夜残業終わりに帰宅したら冷蔵庫に何も入っていなかったとき，深夜宿泊先で化粧品とコンタクト洗浄液を忘れていることに気づいたとき，深夜停電した時に懐中電灯の電池が切れていたとき等です。

Q2	立論引用	
	想定される質問	
	応答	

Q3	立論引用	
	想定される質問	
	応答	

Q4	立論引用	
	想定される質問	
	応答	

第 5 章　環境問題を考える

11 否定側反論作成シート （⑤否定側第一反駁で使用）

☆肯定側からの立論に対する否定側の反論を作成しましょう。　　　　　　　作成例

プランから発生するメリット　　　　　　省エネ

```
プランなし ── 小売店の ── 小売店が深夜 ── 深夜，照明や ── 省エネに
現状         深夜営業が    店を開ける       空調を使う       ならない
             禁止されていない

プランあり ── 小売店の ── 小売店が深夜 ── 深夜，照明や ── 省エネに
プラン後     深夜営業が    店を閉める       空調を使わない   なる
             禁止される
```

重要性：店の利益を増やしたり，温暖化を少しでも防いだりするために省エネは重要

1. 引用
□現状の説明で　☑プラン後の説明で
□重要性で　　　□その他：_____， ［省エネになると］と言いましたが，

2. 主張　［深夜に照明や空調を使わないだけでは，省エネにはなりません。］

3. 根拠　なぜならば，
［食品が傷まないようにするために，消費電力の大きい冷蔵や冷凍機器の稼動を止めることができないからです。］

4. まとめ
□よって，（現状に問題はないので）プランを導入する必要はありません。
☑よって，メリットは発生しません。
□よって，メリットは重要ではありません。
□その他　_____

・・・

1. 引用
□現状の説明で　□プラン後の説明で
☑重要性で　　　□その他：_____， ［温暖化が深刻だ］と言いましたが，

2. 主張　［深夜営業の禁止は温暖化防止には寄与しません。］

3. 根拠　なぜならば，
［世界200弱の国々のたった一か国である日本の，ごく一部である深夜営業をしている店の，これまた営業時間の一部分でしかない深夜営業を禁止しても，減少する二酸化炭素排出量は，世界全体から見ると極々わずかだからです。］

4. まとめ
□よって，（現状に問題はないので）プランを導入する必要はありません。
□よって，メリットは発生しません。
☑よって，メリットは重要ではありません。
□その他　_____

133

第Ⅱ部　モデルで学び，実践してみよう

11 否定側反論作成シート（⑤否定側第一反駁で使用）

☆肯定側からの立論に対する否定側の反論を作成しましょう。

プランから発生するメリット _____

> やってみよう！
> 133頁の例を参考に，125頁に自分で書いたメリットに反論しよう！

☆ここには，125頁に自分で書いたメリットのシステムマップを書きましょう。

○─────○─────○─────○─────○
プランなし
現状

○─────○─────○─────○─────○
プランあり
プラン後

重要性：

....

1. 引用
□現状の説明で　□プラン後の説明で
□重要性で　□その他：_____，_____と言いましたが，

2. 主張 _____

3. 根拠　なぜならば，
_____

4. まとめ
□よって，（現状に問題はないので）プランを導入する必要はありません。
□よって，メリットは発生しません。
□よって，メリットは重要ではありません。
□その他 _____

....

1. 引用
□現状の説明で　□プラン後の説明で
□重要性で　□その他：_____，_____と言いましたが，

2. 主張 _____

3. 根拠　なぜならば，
_____

4. まとめ
□よって，（現状に問題はないので）プランを導入する必要はありません。
□よって，メリットは発生しません。
□よって，メリットは重要ではありません。
□その他 _____

第5章　環境問題を考える

12 肯定側反論作成シート（⑥肯定側第一反駁で使用）

☆否定側からの立論に対する否定側の反論を作成しましょう。

[作成例]

プランから発生するデメリット｜　　　不便になる　　　｜

```
○──────○──────○──────○──────○
プランなし  小売店の    小売店が深夜  深夜，買い物に  便利
現状       深夜営業が   店を開ける   行ける
          禁止されて
          いない

○──────○──────○──────○──────○
プランあり  小売店の    小売店が深夜  深夜，買い物に  不便になる
プラン後    深夜営業が   店を閉める   行けない
          禁止される
```

深刻性：急に深夜に必要となったものが購入できず困るので深刻

・・

1. 引用
☑現状の説明で　☐プラン後の説明で
☐深刻性で　　　☐その他：＿＿＿＿＿，｜深夜必要なものを買いに行ける｜と言いましたが，

2. 主張｜　　　それは間違っています。　　　｜

3. 根拠　なぜならば，
｜多くの人は明るいうち，遅くても夜までに買い物をすませており，わざわざ深夜に行くことはあまりないからです。｜

4. まとめ
☑よって，デメリットは論題と関係なく，現状でも発生する問題です。
☐よって，デメリットは発生しません。
☐よって，デメリットは深刻ではありません。
☐その他｜　　　　　　　　　　　　　　　　｜

・・

1. 引用
☐現状の説明で　☑プラン後の説明で
☐深刻性で　　　☐その他：＿＿＿＿＿，｜　不便になると　｜と言いましたが，

2. 主張｜　深夜営業を禁止しても，不便にはなりません。　｜

3. 根拠　なぜならば，
｜深夜に店が閉まっていることがあらかじめ分かっていれば，事前に必要なものは買っておくからです。｜

4. まとめ
☐よって，デメリットは論題と関係なく，現状でも発生する問題です。
☐よって，デメリットは発生しません。
☑よって，デメリットは深刻ではありません。
☐その他｜　　　　　　　　　　　　　　　　　　　　　　｜

第Ⅱ部　モデルで学び，実践してみよう

12 肯定側反論作成シート（⑥肯定側第一反駁で使用）

☆否定側からの立論に対する否定側の反論を作成しましょう。

プランから発生するデメリット _____

> やってみよう！
> 135頁の例を参考に，130頁に自分で書いたデメリットに反論しよう！

☆ここには，130頁に自分で書いたデメリットのシステムマップを書きましょう。

○───○───○───○───○
プランなし
現状

○───○───○───○───○
プランあり
プラン後

深刻性：

・・・・・・・・・・・・・・・・・・・・・・・・・・・・・・・・・・・・・

1. 引用
□現状の説明で　□プラン後の説明で
□深刻性で　　　□その他：_____，_____と言いましたが，

2. 主張 _____

3. 根拠　なぜならば，
_____

4. まとめ
□よって，デメリットは論題と関係なく，現状でも発生する問題です。
□よって，デメリットは発生しません。
□よって，デメリットは深刻ではありません。
□その他 _____

・・・・・・・・・・・・・・・・・・・・・・・・・・・・・・・・・・・・・

1. 引用
□現状の説明で　□プラン後の説明で
□深刻性で　　　□その他：_____，_____と言いましたが，

2. 主張 _____

3. 根拠　なぜならば，
_____

4. まとめ
□よって，デメリットは論題と関係なく，現状でも発生する問題です。
□よって，デメリットは発生しません。
□よって，デメリットは深刻ではありません。
□その他 _____

第5章　環境問題を考える

13 肯定側立て直し作成シート（⑥肯定側第一反駁で使用）

☆否定側に反論されたことを肯定側が立て直すためのシートです。立論の立て直しをしましょう。

プランから発生するメリット　　　[　　省エネ　　]

1. 引用
   ☐現状の説明　☑プラン後の説明
   ☐重要性　　　☐その他：＿＿＿＿＿，に対して否定側第一反駁で[省エネにならない]と言いましたが，

2. 主張
   [深夜営業の禁止は，十分省エネになります。]

3. 根拠　なぜならば，
   [冷蔵・冷凍機器の稼動を止めることはできないかもしれませんが，店を閉めているので，照明や空調につかっているエネルギー分は節約できるからです。]

4. まとめ
   ☐よって，（現状に問題があるので）プランを導入する必要があります。
   ☑よって，メリットは発生します。
   ☐よって，メリットは重要です。
   ☐その他 [　　　　　　　　　　　　　　　　　　　　　]

（作成例）

やってみよう！
例を参考にメリットに対する反論を想定し，それに反論しよう！

・・・

1. 引用
   ☐現状の説明　☐プラン後の説明
   ☐重要性　　　☐その他：＿＿＿＿＿，に対して否定側第一反駁で[　　　　　]と言いましたが，

2. 主張
   [　　　　　　　　　　　　　　　　　　　　　　　　　　　　　　　　　　　　]

3. 根拠　なぜならば，
   [　　　　　　　　　　　　　　　　　　　　　　　　　　　　　　　　　　　　]

4. まとめ
   ☐よって，（現状に問題があるので）プランを導入する必要があります。
   ☐よって，メリットは発生します。
   ☐よって，メリットは重要です。
   ☐その他 [　　　　　　　　　　　　　　　　　　　　　]

・・・

1. 引用
   ☐現状の説明　☐プラン後の説明
   ☐重要性　　　☐その他：＿＿＿＿＿，に対して否定側第一反駁で[　　　　　]と言いましたが，

2. 主張
   [　　　　　　　　　　　　　　　　　　　　　　　　　　　　　　　　　　　　]

3. 根拠　なぜならば，
   [　　　　　　　　　　　　　　　　　　　　　　　　　　　　　　　　　　　　]

4. まとめ
   ☐よって，（現状に問題があるので）プランを導入する必要があります。
   ☐よって，メリットは発生します。
   ☐よって，メリットは重要です。
   ☐その他 [　　　　　　　　　　　　　　　　　　　　　]

第Ⅱ部　モデルで学び，実践してみよう

14 否定側立て直し作成シート （⑦否定側第二反駁で使用）

☆肯定側に反論されたことを否定側が立て直すためのシートです。立論の立て直しをしましょう。

プランから発生するデメリット　｜　不便になる　｜

・・作成例・・

1. 引用
□現状の説明　☑プラン後の説明
□深刻性　　□その他：_____　に対して肯定側第一反駁で｜不便にならない｜と言いましたが，

2. 主張
｜　深夜営業を禁止すると不便になります。　｜

3. 根拠　なぜならば，
｜人間だれしも忘れるので，昼間に必要なものを買い忘れてしまうことがありますし，停電などで急に深夜に必要なものがでてくることもあるからです。｜

4. まとめ
□よって，デメリットは論題と関係があり，プランを導入しなければ発生しない問題です。
☑よって，デメリットは発生します。
□よって，デメリットは深刻です。
□その他　｜　　　　　　　　　　　　　　　　　　｜

> やってみよう！
> 例を参考にデメリットに対する反論を想定し，それに反論しよう！

・・

1. 引用
□現状の説明　□プラン後の説明
□深刻性　　□その他：_____　に対して肯定側第一反駁で｜　　　　　｜と言いましたが，

2. 主張
｜　　　　　　　　　　　　　　　　　　　　　　　　　　　　　　｜

3. 根拠　なぜならば，
｜　　　　　　　　　　　　　　　　　　　　　　　　　　　　　　｜

4. まとめ
□よって，デメリットは論題と関係があり，プランを導入しなければ発生しない問題です。
□よって，デメリットは発生します。
□よって，デメリットは深刻です。
□その他　｜　　　　　　　　　　　　　　　　　　｜

・・

1. 引用
□現状の説明　□プラン後の説明
□深刻性　　□その他：_____　に対して肯定側第一反駁で｜　　　　　｜と言いましたが，

2. 主張
｜　　　　　　　　　　　　　　　　　　　　　　　　　　　　　　｜

3. 根拠　なぜならば，
｜　　　　　　　　　　　　　　　　　　　　　　　　　　　　　　｜

4. まとめ
□よって，デメリットは論題と関係があり，プランを導入しなければ発生しない問題です。
□よって，デメリットは発生します。
□よって，デメリットは深刻です。
□その他　｜　　　　　　　　　　　　　　　　　　｜

第 5 章　環境問題を考える

15 否定側まとめ作成シート（⑦否定側第二反駁で使用）

●これまでの議論をまとめて否定側の勝利を主張するためのシートです。

☆1．メリットの評価：試合の議論を整理し，メリットが小さいことを説明しましょう。　作成例

肯定側は立論で，｜　　　メリット「省エネ」　　　｜が発生すると言いました。

> しかし，我々が否定側第一反駁で述べたように，深夜営業を禁止しても，あまり省エネにはなりません。なぜならば，深夜の照明や空調を使わない分は確かに節約できますが，消費電力の大きい冷蔵や冷凍機器は食品を保存するために，止めることができないからです。

よって，メリットは，立論通りの大きさではありません。

☆2．デメリットの評価：試合の議論を整理し，デメリットが残っていて，それが深刻な問題であることを説明しましょう。

一方，我々は，否定側立論で，｜デメリット「不便になる」｜が発生すると言いました。

> 確かに，肯定側が第一反駁で述べたように，深夜に店が閉まることが分かっていれば，あらかじめ買い物をすませておくかもしれません。しかし，昼間に必要なものを買い忘れてしまうことはありますし，停電などで急に深夜に必要なものが出てくることもあります。そして，深夜に必要になったものが買えないと，大変困ります。

よって，デメリットは発生し，それは深刻な問題です。

☆3．メリットとデメリットの比較：上の1と2をふまえて，なぜメリットよりデメリットが大きいかを説明しましょう。

以上をふまえると，デメリットがメリットを上回っています。なぜならば，

> メリットとして肯定側が主張した「省エネ」ですが，たいしたエネルギーの節約にならない以上，重要性で述べられていた店の利益の増加や地球温暖化防止に十分に寄与できません。
> であるならば，デメリット「不便になる」で述べたように，深夜帰宅したら冷蔵庫に何も入っていない，深夜宿泊先で化粧品とコンタクト洗浄液など忘れ物をしたとき，深夜停電した時に乾電池がないとき等，どんなに気を付けていても深夜に急に買い物をしなければならない場面は必ずあり，必要なものが変えないと大変不便です。よって，買い物ができなければ困る事態を防ぐべきです。

以上より，プランを導入すべきではありません。

第Ⅱ部　モデルで学び，実践してみよう

15 否定側まとめ作成シート（⑦否定側第二反駁で使用）

●これまでの議論をまとめて否定側の勝利を主張するためのシートです。

☆1. メリットの評価：試合の議論を整理し，メリットが小さいことを説明しましょう。

肯定側は立論で，[　　　　　　　　　　　　　　　]が発生すると言いました。

> やってみよう！
> 139頁の例を参考に，まとめを書いてみよう！

よって，メリットは，立論通りの大きさではありません。

☆2. デメリットの評価：試合の議論を整理し，デメリットが残っていて，それが深刻な問題であることを説明しましょう。

一方，我々は，否定側立論で，[　　　　　　　　　　　　　　　]が発生すると言いました。

よって，デメリットは発生し，それは深刻な問題です。

☆3. メリットとデメリットの比較：上の1と2をふまえて，なぜメリットよりデメリットが大きいかを説明しましょう。

以上をふまえると，デメリットがメリットを上回っています。なぜならば，

以上より，プランを導入すべきではありません。

140

第5章 環境問題を考える

16 肯定側まとめ作成シート（⑧肯定側第二反駁で使用）

●これまでの議論をまとめて側の勝利を主張するためのシートです。

作成例

☆1. デメリットの評価：試合の議論を整理し，デメリットが小さいことを説明しましょう。

否定側は立論で，　デメリット「不便になる」　が発生すると言いました。

> しかし，我々が肯定側第一反駁で述べたように，多くの人は，明るいうち，遅くても夜までに買い物をしており，そもそも深夜に買い物に行くことは，現状でもほとんどありません。さらに，こちらも肯定側第一反駁で述べましたが，深夜営業が禁止になった後は，深夜に店があいていないことがあらかじめ分かっているので，事前に必要な買い物はすませておくはずです。

よって，デメリットは，立論通りの大きさではありません。

☆2. メリットの評価：試合の議論を整理し，メリットが残っていて，それが重要な問題であることを説明しましょう。

一方，我々は，肯定側立論で，　メリット「省エネ」　が発生すると言いました。

> 確かに，否定側が第一反駁で述べたように，深夜営業を禁止しても，消費電力の大きい冷蔵や冷凍機器の稼動を止めることができないかもしれません。しかし，我々が肯定側第一反駁で述べたように，深夜に店を閉めるので，照明や空調につかっているエネルギーは確実に節約できます。そして節約した分，光熱費が削減され，温室効果ガスの排出も減ります。

よって，メリットは発生し，それは重要な問題です。

☆3. メリットとデメリットの比較：上の1と2をふまえて，なぜデメリットよりメリットが大きいかを説明しましょう。

以上をふまえると，メリットがデメリットを上回っています。なぜならば，

> デメリットとして否定側が主張した「不便になる」ですが，多くの人は深夜に買い物をしない以上，深刻性で述べられていたような事態になることは，ほとんどありません。
> これに対して，メリットですが，確かに少ないかもしれませんが，照明や空調を深夜に使わない分，確実にエネルギーが節約できることは間違いありません。よって，小売店の利益に貢献しつつ，ほんのわずかかもしれませんが，深刻になっている地球温暖化の防止に確実に寄与できるので，デメリットよりメリットが大きいと言えます。

以上より，プランを導入すべきです。

第Ⅱ部　モデルで学び，実践してみよう

16 肯定側まとめ作成シート （⑧肯定側第二反駁で使用）

●これまでの議論をまとめて側の勝利を主張するためのシートです。

☆1. デメリットの評価：試合の議論を整理し，デメリットが小さいことを説明しましょう。

否定側は立論で，_____が発生すると言いました。

> やってみよう！
> 141頁の例を参考に，まとめを書いてみよう！

よって，デメリットは，立論通りの大きさではありません。

☆2. メリットの評価：試合の議論を整理し，メリットが残っていて，それが重要な問題であることを説明しましょう。

一方，我々は，肯定側立論で，_____が発生すると言いました。

よって，メリットは発生し，それは重要な問題です。

☆3. メリットとデメリットの比較：上の1と2をふまえて，なぜデメリットよりメリットが大きいかを説明しましょう。

以上をふまえると，メリットがデメリットを上回っています。なぜならば，

以上より，プランを導入すべきです。

第 5 章　環境問題を考える

学習課題
　環境問題について議論する以下の論題のうち，興味のあるものについて，付録のワークシートを用いてディベートしてみましょう。
①日本はごみ収集を無料化すべきである。是か非か。
②日本は遺伝子組み換え食品の輸入・製造・販売を禁止すべきである。是か非か。
③日本は炭素税を導入すべきである。是か非か。
④日本はすべての乗用自動車を電気自動車に切り換えるべきである。是か非か。
⑤日本はすべての石炭火力発電を代替発電に切り替えるべきである。是か非か。

引用・参考文献

朝日大学マーケティング研究所（2017）『早朝、深夜の買い物意識と消費行動に関するマーケティングデータ──顧客ニーズ編』http://marketing.asahi-u.ac.jp/wp-content/uploads/2020/02/1704.pdf（2025年1月26日閲覧）。

朝日大学マーケティング研究所（2017）『早朝、深夜の買い物意識と消費行動に関するマーケティングデータ──利用実態編』http://marketing.asahi-u.ac.jp/wp-content/uploads/2020/02/1703.pdf（2025年1月26日閲覧）。

市野敬介（2007）『第12回全国中学・高校ディベート選手権中学の部論題解説』https://nade.jp/wp-content/uploads/2021/02/12nd_chugaku-kaisetu.pdf（2025年1月26日閲覧）。

インサイトテック（2019）『コンビニ24時間営業に関する調査レポート』https://lab.insight-tech.co.jp/wp-content/uploads/2019/06/report.pdf（2025年1月26日閲覧）。

加谷珪一「コンビニが「24時間営業」にこだわる意外な理由　え、そんなことだったの!?」『現代ビジネス』2019年3月6日，https://gendai.media/articles/-/60274（2025年1月26日閲覧）。

久我尚子（2019）「基礎研レター　コンビニ24時間営業の是非」『NLI Research Institute REPORT』272，3頁。

榊原陽介（2017）『第22回全国中学・高校ディベート選手権中学の部論題解説』https://nade.jp/files/uploads/%E7%AC%AC%EF%BC%92%EF%BC%92%E5%9B%9E%E3%83%87%E3%82%A3%E3%83%99%E3%83%BC%E3%83%88%E7%94%B2%E5%AD%90%E5%9C%92%E3%80%80%E4%B8%AD%E5%AD%A6%E3%81%AE%E9%83%A8%E8%AB%96%E9%A1%8C%E8%A7%A3%E8%AA%AC.pdf（2026年1月26日閲覧）。

坂口孝則（2015）「コンビニと犯罪の切っても切れない関係──意外に重要な市民を守る役割」『東洋経済オンライン』2015年2月25日，https://toyokeizai.net/articles/-/6149

4（2025年1月26日閲覧）。

坂本秀夫（2020）「岐路に立つコンビニエンスストアをめぐっての諸問題に関する若干の考察」『明星大学経済学研究紀要』52（1・2）5-26頁。

佐藤みず紀（2023）「環境問題とは──七つの種類と原因・影響，SDGsとの関連を詳細解説」『The Asahi Shimbun SDGs ACTION!』https://www.asahi.com/sdgs/article/15008328（2025年1月26日閲覧）。

茂大輔・荒木光（2008）「コンビニ経営と環境」『京都教育大学環境教育研究年報』16, 99-114頁。

島崎樹（2020）「コンビニエンス・ストア業界の概観と種々の課題への対策」『香川大学経済政策研究』第16号（通巻第17号），131-155頁。

鈴木絢子（2017）「小売・飲食業の深夜営業に関する動向」『調査と情報』965。

土屋直樹（2017）「コンビニエンスストアにおける経営と労働」『日本労働研究雑誌』678, 41-51頁。

永井知美（2017）「コンビニ業界の現状と課題」『経営センサー』194, 16-25頁。

中島嘉克（2021）「被災時「コンビニ店主の奮闘」どこまで　インフラの使命」『朝日新聞デジタル』2021年3月10日，https://www.asahi.com/articles/ASP3B54WMP38ULFA01V.html（2025年1月16日閲覧）。

仲地二葉（2020）「コンビニオーナーの就業時間が長時間化する構造的要因の分析」『中央大学経済研究所年報』52, 101-124頁。

日本フランチャイズチェーン協会『コンビニエンスストア統計調査月報2024年12月度』。

八都県市首脳会議環境問題対策委員会（2009）『ライフスタイル・ビジネススタイルの深夜化による地球温暖化への影響調査報告書』http://tokenshi-kankyo.jp/images/report_pdf/report2-1.pdf（2025年1月26日閲覧）。

「ファミレス24時間営業廃止，携帯が深夜の客足を止めた」『DIAMOND online』2017年1月17日，https://diamond.jp/articles/-/114243（2025年1月26日閲覧）。

フランチャイズチェーン協会（2007）「コンビニエンスストアにおける24時間営業の考え方について」『中央環境審議会地球環境部会・産業構造審議会環境部会地球環境小委員会合同会合（第27回）』資料3。

〈応援メッセージ〉
たくさんの気づきが得られるディベート

　日々教員として過ごす中で，生徒の成長の早さや大きさに驚かされることがありますが，顧問をしておりますディベートの活動もその例にもれません。仲間との準

備段階での議論，試合での相手チームからの反論や審判からのアドバイスなど，自分たちだけでは気づかなかった指摘を受けることで，議論の質が向上していくのはもちろんですが，これらを通じて，自分以外の他者の意見に耳を傾けることの意義が実感できることが，一つの要因だと思っております。

　ディベートはチーム競技であるので，チームメイトの大切さを実感したり，同じ競技をした仲間として，他校の生徒を含む様々な方々と交流できるなど，素晴らしい点がたくさんあります。しかし，ディベートでの交流は，他のチーム競技とは，少し異なる面もあると思っています。大会の試合だけではなく，講座や練習会，大会の試合以外の場で，他校の生徒や顧問，審判の大学生や社会人の方々，論題に関する専門家，大会を運営しているスタッフなどと，論題に関する議論を通じて，社会問題について，分け隔てなく意見交換をしている姿を見ることができます。普段の学校生活を送る中では，これほど多様な人たちと様々な観点から社会問題について，真剣に語り合う姿をなかなか見ることはできません。このような機会を通じて，ディベーターたちが成長する姿を見る度に，若干ではありますが，私自身は，未来への希望の光を見出しております。

　ディベートに取り組むと，論題として提示されなければ考えなかったかもしれない社会問題に関して，チームメイトと準備し，自分たちと逆の立場である相手から試合で指摘を受けた後，第三者である審判からアドバイスがもらえます。この仕組み自体が，新たな気づきを得られ，自分の考えを深めることができるようになっています。大きく成長できる場ですから，ぜひ積極的に大会に参加していただきたいです。また，もし教員の方であれば，生徒・学生がディベートに取り組むように，後押しをしていただければと思います。

（村上彰慶）

第Ⅱ部　モデルで学び，実践してみよう

第6章
医療問題を考える――救急車の有料化について

　本章では医療問題についてディベートをしてみようと思います。前章に比べると，みなさんにとって馴染みの薄いテーマであったり専門的な内容であったりしてとっつきにくさを感じるかもしれません。ですが，みなさんの身近なテーマもたくさんあります。本章では「日本は救急車を有料化すべきである。是か非か」を題材に，日本の医療問題について考えていきます。

1　論題解説――「日本は救急車を有料化すべきである。是か非か」

（1）日本の救急車の出動件数
　みなさんは救急車に乗ったことがありますか。多くの方々は，救急車を利用したことはないかもしれません。ですが，救急車の利用というのは，年々右肩上がりに増加しています。2021（令和3）年の救急出動件数は619万3,581件となっており，約5秒に1回の割合で全国のどこかで救急車が要請されている計算です。また救急車による搬送人員は年間549万1,744人であり，国民の23人に1人が1年間で救急車を利用した計算となっています。

（2）「救急車が無料であること」の仕組みと特徴
　日本では救急車の利用は無料で，誰もが呼ぶことができます。ですが実際は救急車の要請には1回につき約4万5千円の費用が掛かると言われています。この中には救急車自体の費用や，救急隊員の人件費，車内の救急設備が含まれます。現在はこの費用は全て税金で賄われています。実は救急車が無料である国は世界でも少なく，無料であったとしても場合によっては罰金を払わなければならない国もあります。

146

(3)「救急車が無料であること」の利点と欠点

　救急車が無料のおかげで「こんな痛み（や症状）で救急車を呼んでもいいのかな」と思っても，現在は「心配だから」と気軽に呼べています。また，道端で倒れている見知らぬ人がいたとしても，金銭面の問題を考えることなく速やかに救急車を要請することができます。

　ですが，無料であるために安易に救急車が要請されるケースもたくさん存在します。救急車を利用した患者の半数近くが軽症例（症状や病気が軽い人）と言われており，指を切っただけで救急車が呼ばれた例も存在します。ところが救急車の台数や救急隊員の人数には限りがあり，要請が重なり救急車が出払ってしまっていて，緊急を要する場面にもかかわらず現場に救急隊がすぐに駆け付けられないケースも出ています。救急車が現場に到着するまでの時間は年々延びてきており，2021（令和3）年では救急要請があってから救急車が現場に到着するまで9.4分となっています。

(4)「救急車の有料化」の定義

　救急車の有料化というのは，救急車にかかる費用の一部もしくは全額を利用した本人に負担してもらうということです。今後議論を進めていく上で，いくらの費用を負担していただくかは事前に決めておいてもいいでしょう。インターネット上に，医師に救急車を有料にするならいくらが妥当かを尋ねたアンケートがありましたが，5千円から1万円の回答が多いようでした。慣れてくれば，肯定側が立論の時間を使って設定金額を説明してもいいでしょう。

2　考えられるメリット

(1) 救急車の適正利用

　無料であるために気軽に利用されていた救急車ですが，有料化にすることで金銭面の負担から利用をためらう人が出てくることを利用したメリットです。軽症者が救急車を利用したことで救急車が出払ってしまい，重症者が救急要請をしても救急車が手配できず亡くなられた事例も見られます。軽症者であれば，

救急車が有料ならタクシーや自家用車を利用して病院に行こうと思う人が出てくるでしょう。軽症者が救急車を呼ばなくなった分重症者の元に救急車が駆け付けられるようになれば，より多くの命が救える可能性が高まります。

（2）税金の適正利用

　救急車の要請には多くの税金が使われています。そこで救急車を有料化し，利用した人に一部でも費用を負担していただくことで，浮いた税金を他に充てることができるようになります。「受益者負担の原則」という言葉があり，実際にサービスを受ける人と受けない人の間で「負担の公平性」を担保するためにも重要な考え方ですし，税金の使い方について問題視されている日本において，例えば少子化対策など国民が必要としている所へ税金を回すことができることもこのメリットの重要な所です。

（3）救急車到着までの時間の短縮

　無料であるために救急車を利用していた軽症者が，有料化によって利用を控えるようになり，重症者の元に救急車が素早く駆け付けられるようになることで発生するメリットです。軽症者が救急車の要請を控えても，短縮される時間は短いかもしれませんが，「カーラーの救命曲線」と言われるグラフによると，心肺停止（心臓も呼吸も止まっている状態）の患者の場合，適切な処置を施さなければ3分で50％以上の人が亡くなると言われます。たった1秒でも重症者にとっては命にかかわる1秒なので大変重要なメリットです。

3　考えられるデメリット

（1）病気の重症化

　有料化によって救急車の利用を控えた人が，自らの病気を悪化させてしまうというデメリットです。例えば高齢者や貧困層など，あまりお金を持っていない人にとって5千円や1万円は大金です。このような人がもし「こんな症状なら有料の救急車を使わなくてもいいかな」と救急車の要請を控えたらどうなる

でしょう。症状が軽いことが軽い病気であれば問題ありませんが，救急外来の現場では，一見軽症と思える症状でも，300〜500人に1人は重症であると言われています。すると，救急車の利用をためらうことで病院を受診するタイミングが遅くなり，病気がひどくなったり，最悪死に至る危険もあったりします。一般人の命を危険にさらすということで，深刻な問題です。

(2) 過剰なサービスの要求

　人というのは不思議なもので，無料なものにはあまり不満は口に出しませんが，有料になると急に不満を述べることがあります。救急隊員は一刻も早く現場へ到着し患者を病院へ搬送しようとしますが，その間にもしかしたら過剰なサービスを要求してくるかもしれません。例えば移動中の歩道の不備による揺れや，病院到着までの時間がかかりすぎたこと（一般道で道を譲ってくれない車がいると特に），お金を払ったのだから助かって当然という雰囲気を出してくる人，等々。命の現場でやり取りをしている救急隊員にとって，今以上のストレスがかかることは非常に深刻な問題です。

(3) 呼んだ人と患者間でのトラブル発生

　道端で倒れていた見知らぬ人がいて，その人のために誰かが救急車を要請したとしましょう。もし救急車が有料であったとしたら，この救急車の費用は誰が負担するのでしょうか。倒れていた人にとっては余計なお世話かもしれませんし，救急車を要請した人にとっては良い行いをしたはずなのにお金を要求されようものなら，次回からは声をかけないかもしれません。このあたりのトラブルをどう考えていかなければならないのかも，この論題の問題点の一つです。

4　よりよい議論をするためのヒント

　この論題では比較的多くの登場人物（救急車を呼ぶ人，救急隊員，病院の看護師や医師，救急車を管理する消防署，また行政など）がいます。一度に多くの人物の動きを考えることは大変ですので，まずは特定の人物がどのように考え方や行

動を変化させるか想像してみましょう。分かりやすいのはメリットやデメリットで述べた「有料化に伴い利用を控えそうな人」は誰なのかということです。軽症者が利用を控えるのはなぜなのか，もし軽症者以外が利用を控えるとしたらどのような人なのか，もしくはどのように考えたら利用を控えてしまうのか。次に，利用を控える人がいた場合，その人本人とそれ以外の人にはどのような変化が起きるのか考えてみましょう。軽症者が利用を控えれば，それ以外＝重症者にとっては救急車をすぐに呼べるようになりますが，貧困層が利用を控えれば控えた人に問題が起こるかもしれません。救急車論題は登場人物の動きが比較的想像しやすいテーマなので，医療問題の中でも取り組みやすい部類かと思います。

5　ワークシートを用いてディベートしてみよう

> やってみよう！
>   本章の解説をもとに，実際のディベートを想定して，151頁から始まるワークシートを用いて本論題について考えてみましょう。
>   ちなみに，ワークシートの中に作成例を用意していますが，ややトリッキーなメリットとデメリットを作りました。今までに説明してきたメリットやデメリットを参考にみなさん自身の手でワークシートを記入していってみましょう。その後，肯定側，否定側，審判に分かれてディベートをしてみましょう。

第6章　医療問題を考える

2 リンクマップ作成シート（肯定側否定側双方が使用）

☆論題を中央に書き入れ，どのようなメリット・デメリットが生じていくのか書き足していきましょう。そのうえで，以下のことを考えましょう。
① メリットとデメリットの関係を考える　② 試合で使うメリットやデメリットを選ぶ
③ 相手の議論を予測する

やってみよう！
例を参考にしながら，付け足してリンクマップを書こう。さらに書きたい人は，付録のワークシートを使ってみよう。

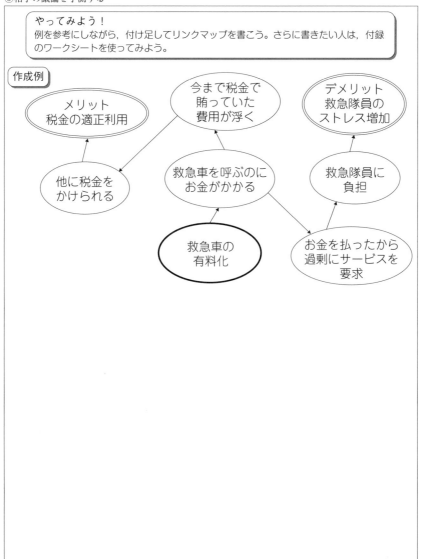

作成例

151

第Ⅱ部　モデルで学び，実践してみよう

3 肯定側システムマップ作成シート （4 肯定側立論作成シートに記入する前に使用）

● メリット・デメリットはプラン前とプラン後の変化を説明するものです。
● システムマップの見方・議論は左側から右側へ流れていきます。
● 上の線が現状，下の線がプラン後を表します。上の議論と下の議論は対応して
☆ プラン前後の差をシステムマップで表現してみましょう。

やってみよう！
例を参考に，システムマップを2つ書いてみよう！

論題：救急車の有料化　　　　　メリット：税金の適正利用

重要性： 救急体制の充実など，もっと他の必要な所に税金を使うべき

論題：救急車の有料化　　　　　メリット：

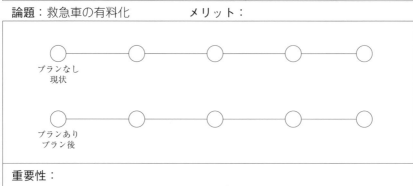

重要性：

論題：救急車の有料化　　　　　メリット：

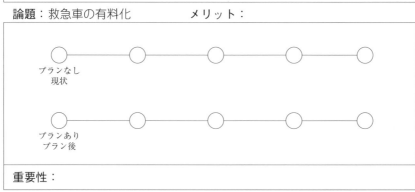

重要性：

第6章 医療問題を考える

4 肯定側立論作成シート（①肯定側立論で使用）

☆3で作成したシステムマップをもとに、立論を作成しましょう。
＜肯定側立論＞プラン導入に賛成

プランから発生するメリット　　税金の適正利用　　作成例

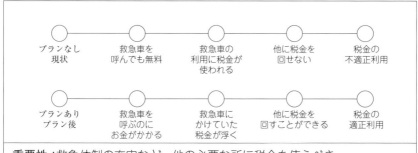

重要性：救急体制の充実など、他の必要な所に税金を使うべき

☆話し言葉の文章にしてみましょう。

● プランから発生するメリットは、　　税金の適正利用　　です。
● 現状の説明（プランなし）をします。

現在救急車は119番で要請しても無料で来てくれます。ですが本来救急車の出動には、救急隊員の人件費や救急車本体、また救急車の中に設置されている救急道具などに費用がかかっています。この費用には現在は税金が充てられています。そのため、税金を他の所に使用することができず、税金が適正に利用できておりません。さらに、税金も潤沢にあるわけではなく限りがあります。例えば救急車の利用は年々増加傾向であり、救急隊員、救急車の増加も必要と言われていますが、そちらに回すことができるほどの予算はなく救急車の需要と供給のバランスが崩れています。

● プランを導入するとどうなるか（プランあり）プラン後の変化を説明します。

救急車を有料化することで、救急車を出動させるのに必要な費用を利用者自身に負担してもらうことが出来ます。すると、今までは救急車の出動に必要であった税金が使われなくなります。国としては使われなくなった税金を他の所に使用することができるようになります。例えば、新しい救急車を増やしたり、車内の救急道具を新しくしたりすることができるようになります。他にも少子化対策に税金を回すことができるようになるかもしれません。結果、税金が適正に利用されるようになります。

● なぜメリットは重要かを説明します。

税金は国が国民からいただいた大事なお金です。受給者負担という言葉があるように、救急車を利用する人に費用は少しでも負担してもらうことで、大切な税金をより重要な事に使うことができるようなります。例えば、救急車の台数を増やしたり、救急隊員の数を増やしたりする事ができれば、より多くの国民を助けることができるようになります。税金を適正に利用する事ができるようになるこのプランは大変重要です。

● よって、プランを導入すべきです。

153

第Ⅱ部　モデルで学び，実践してみよう

④肯定側立論作成シート（①肯定側立論で使用）

☆③で作成したシステムマップをもとに，立論を作成しましょう。
＜肯定側立論＞プラン導入に賛成
プランから発生するメリット ［　　　　　　　　　　　　　　　　　］

> やってみよう！
> 153頁を参考に，立論作成シートを完成させよう！

☆ここには，152頁に自分で書いた２つのシステムマップどちらか一方を書きましょう。

○――――○――――○――――○――――○
プランなし
現状

○――――○――――○――――○――――○
プランあり
プラン後

重要性：

☆話し言葉の文章にしてみましょう。

●プランから発生するメリットは，［　　　　　　　　　　　　］です。

●現状の説明（プランなし）をします。

●プランを導入するとどうなるか（プランあり）プラン後の変化を説明します。

●なぜメリットは重要かを説明します。

●よって，プランを導入すべきです。

第6章　医療問題を考える

5 否定側質問作成シート（②否定側質疑で否定側が使用）

☆論題から考えられる肯定側立論に対する質問を考えましょう。

やってみよう！
例を参考にして，Q2〜Q4を書いてみよう！

プランから発生するメリット｜税金の適正利用

作成例 Q1	立論引用	プラン後の変化の中で，使われなくなった税金が他の所に使われるようになると言われましたが
	質問内容	他の所とはどこですか？
	追加質問	・いくらぐらい税金は使われなくなりますか？ ・他にも使われそうなところはありますか？

Q2	立論引用	
	質問内容	
	追加質問	

Q3	立論引用	
	質問内容	
	追加質問	

Q4	立論引用	
	質問内容	
	追加質問	

第Ⅱ部　モデルで学び，実践してみよう

6 肯定側応答作成シート（②否定側質疑で肯定側が使用）

☆否定側からの質問を予想し，対する応答を考えましょう。

プランから発生するメリット	税金の適正利用

やってみよう！
例を参考にして，Q2〜Q4を書いてみよう！

Q1 作成例	立論引用	プラン後の変化の中で，使われなくなった税金が他の所に使われるようになると言われましたが
	予想される質問	他の所とはどこですか？
	応答	重要性で説明したような，救急車の台数を増やしたり，救急隊員を増やしたりすることに使われます。他にも，少子化対策など，国民が必要としているような施策に使われると思います。

Q2	立論引用	
	想定される質問	
	応答	

Q3	立論引用	
	想定される質問	
	応答	

Q4	立論引用	
	想定される質問	
	応答	

第6章 医療問題を考える

7 否定側システムマップ作成シート （8 否定側立論作成シートに記入する前に使用）

●メリット・デメリットはプラン前とプラン後の変化を説明するものです。
●システムマップの見方・議論は左側から右側へ流れていきます。
●上の線が現状，下の線がプラン後を表します。上の議論と下の議論は対応して
☆プラン前後の差をシステムマップで表現してみましょう。

やってみよう！
例を参考に，システムマップを2つ書いてみよう！

論題：救急車の有料化　　　　デメリット：救急隊員のストレス増加

作成例

○──────○──────○──────○──────○
プランなし　救急車を　無料だから　救急隊に　救急隊に
現状　　　　呼んでも　過剰なサービスを　負担ない　ストレスない
　　　　　　無料　　　要求しない

○──────○──────○──────○──────○
プランあり　救急車を　有料だからと　救急隊員に　救急隊員の
プラン後　　呼ぶのに　過剰なサービスを　負担がかかる　ストレス増加
　　　　　　お金がかかる　要求

深刻性：命の現場で働く救急隊員に不要なストレスをかけてはいけない

論題：救急車の有料化　　　　デメリット：

○──────○──────○──────○──────○
プランなし
現状

○──────○──────○──────○──────○
プランあり
プラン後

深刻性：

論題：救急車の有料化　　　　デメリット：

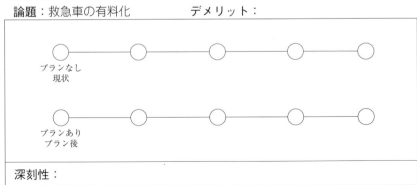

深刻性：

157

第Ⅱ部　モデルで学び，実践してみよう

8 否定側立論作成シート（③否定側立論で使用）

☆ 7 で作成したシステムマップをもとに，立論を作成しましょう。
＜否定側立論＞現状維持（プラン導入に反対）

作成例

プランから発生するデメリット　　救急隊員のストレス増加

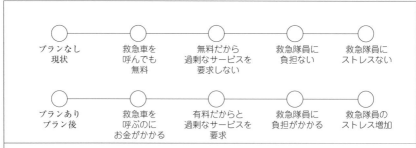

重要性：命の現場で働く救急隊員に不要なストレスをかけてはいけない

☆話し言葉の文章にしてみましょう。

● プランから発生するデメリットは，　救急隊員のストレス増加　です。

● 現状の説明（プランなし）をします。

現在救急車は無料であり，119番で要請してもお金はかかりません。無料ですので，お金を払っているという意識は無く，国民も無料である救急車の利用については，過剰なサービスを要求することもありません。よって救急隊員の負担は少なくストレスも生じていません。そのため，救急隊員は，利用者を速やかに医療機関へ搬送する事だけに集中することができています。

● プランを導入するとどうなるか（プランあり）プラン後の変化を説明します。

プランを導入すると救急車を呼ぶ時にお金がかかります。すると利用者はお金を払っているという意識から救急隊員に過剰なサービスを要求するようになります。例えばもっと早く来てほしいとか，来た時の救急隊員の態度をもっと優しくしてほしいとか，移動中の車の揺れを何とかしてほしいとか，お金を払って病院に行くのだから必ず助けてほしいとか，様々な要求が想定されます。要求が通らないと利用者は救急隊員に不平不満をぶつけてくるかもしれません。そのため救急隊員には負担がかかるようになり，ストレスの増加につながります。

● なぜデメリットは深刻かを説明します。

命の現場で働く救急隊員は強いストレスを日ごろから感じています。そのような救急隊員にこれ以上ストレスをかけてしまうこのプランは大変深刻です。
また，このようにストレスを感じた救急隊員が救急車を運転しているわけですから，もしかしたら運転に集中できなくて交通事故を起こしてしまうかもしれません。救急隊員を危険にさらすこのプランは大変深刻です。

● よって，プランを導入すべきではありません。

第6章　医療問題を考える

8 否定側立論作成シート（③否定側立論で使用）

☆7で作成したシステムマップをもとに，立論を作成しましょう。
＜否定側立論＞現状維持（プラン導入に反対）

プランから発生するデメリット ☐

やってみよう！
158頁を参考に，立論作成シートを完成させよう！

☆ここには，157頁に自分で書いた２つのシステムマップどちらか一方を書きましょう。

○───○───○───○───○
プランなし
現状

○───○───○───○───○
プランあり
プラン後

重要性：

☆話し言葉の文章にしてみましょう。

● プランから発生するデメリットは，☐　　　　　　　　　　　　　　　　　　です。
● 現状の説明（プランなし）をします。

● プランを導入するとどうなるか（プランあり）プラン後の変化を説明します。

● なぜデメリットは深刻かを説明します。

● よって，プランを導入すべきではありません。

159

第Ⅱ部 モデルで学び，実践してみよう

⑨肯定側質問作成シート（④肯定側質疑で肯定側が使用）

☆論題から考えられる肯定側立論に対する質問を考えましょう。

プランから発生するデメリット｜救急隊員のストレス増加

やってみよう！
例を参考にして，Q2〜Q4を書いてみよう！

Q1 作成例	立論引用	プラン後の変化の説明で，過剰なサービスを要求されるとありましたが
	質問内容	具体的にどのような要求をされるのですか？
	追加質問	いつも要求されるのですか？ 命のやり取りをしている事のほうが大きなストレスになりませんか？

Q2	立論引用	
	質問内容	
	追加質問	

Q3	立論引用	
	質問内容	
	追加質問	

Q4	立論引用	
	質問内容	
	追加質問	

第6章 医療問題を考える

10 否定側応答作成シート（④肯定側質疑で否定側が使用）

☆肯定側からの質問を予想し，対する応答を考えましょう。

プランから発生するデメリット 救急隊員のストレス増加

やってみよう！
例を参考にして，Q2〜Q4を書いてみよう！

作成例 Q1	立論引用	プラン後の変化の説明で，過剰なサービスを要求されるとありましたが
	予想される質問	具体的にどのような要求をされるのですか？
	応答	例えば，お金を払っているから助けてくれるのは当然と言われたり，お金を払っているのに車の中が快適ではないと不満を言われたりすると思います。

Q2	立論引用	
	想定される質問	
	応答	

Q3	立論引用	
	想定される質問	
	応答	

Q4	立論引用	
	想定される質問	
	応答	

161

第Ⅱ部　モデルで学び，実践してみよう

11 否定側反論作成シート（⑤否定側第一反駁で使用）

☆肯定側からの立論に対する否定側の反論を作成しましょう。　　　　　作成例

プランから発生するメリット　　　税金の適正利用

```
プランなし──救急車を──救急車の──他に税金を──税金の
現状　　　　呼んでも無料　利用に税金が　回せない　　不適正利用
　　　　　　　　　　　　　使われる

プランあり──救急車を──救急車に──他に税金を──税金の
プラン後　　呼ぶのに　　かけていた　回すことが　　適正利用
　　　　　　お金がかかる　税金が浮く　できる
```

重要性：救急体制の充実など，他の必要な所に税金を使うべき

・・・

1. 引用
□現状の説明で　　☑プラン後の説明で
□重要性で　　　　□その他：＿＿＿＿　　浮いた税金が他の所に使える　と言いましたが，

2. 主張　　　　　　他の所に税金は使えません

3. 根拠　なぜならば，
現在日本は多くの国債を発行しているので，もし税金が使われなかったとしたら，そのお金は国債の返済に充てられると考えられるからです。

4. まとめ
□よって，（現状に問題はないので）プランを導入する必要はありません。
☑よって，メリットは発生しません。
□よって，メリットは重要ではありません。
□その他

・・・

1. 引用
□現状の説明で　　□プラン後の説明で
☑重要性で　　　　□その他：＿＿＿＿　　必要な所に税金を使うべき　と言いましたが，

2. 主張　　　　　　その重要性は発生しません。

3. 根拠　なぜならば，
国会議員は選挙に勝つために，耳ざわりの良いバラマキを行うため，本当に必要な所にはお金が回らないからです。

4. まとめ
□よって，（現状に問題はないので）プランを導入する必要はありません。
□よって，メリットは発生しません。
☑よって，メリットは重要ではありません。
□その他

第6章 医療問題を考える

11 否定側反論作成シート（⑤否定側第一反駁で使用）

☆肯定側からの立論に対する否定側の反論を作成しましょう。

プランから発生するメリット ＿＿＿＿＿＿＿＿＿＿＿＿＿＿＿

> やってみよう！
> 162頁の例を参考に，154頁に自分で書いたメリットに反論しよう！

☆ここには，154頁に自分で書いたメリットのシステムマップを書きましょう。

○———○———○———○———○
プランなし
現状

○———○———○———○———○
プランあり
プラン後

重要性：＿＿＿＿＿＿＿＿＿＿＿＿＿＿＿＿＿＿＿＿＿＿＿＿＿

....

1. 引用
□現状の説明で　　□プラン後の説明で
□重要性で　　　　□その他：＿＿＿＿，＿＿＿＿＿＿＿＿＿＿と言いましたが，

2. 主張 ＿＿＿＿＿＿＿＿＿＿＿＿＿＿＿＿＿＿＿＿＿＿＿＿

3. 根拠　なぜならば，
＿＿＿＿＿＿＿＿＿＿＿＿＿＿＿＿＿＿＿＿＿＿＿＿＿＿＿＿

4. まとめ
□よって，（現状に問題はないので）プランを導入する必要はありません。
□よって，メリットは発生しません。
□よって，メリットは重要ではありません。
□その他 ＿＿＿＿＿＿＿＿＿＿＿＿＿＿＿＿＿＿＿＿＿＿

....

1. 引用
□現状の説明で　　□プラン後の説明で
□重要性で　　　　□その他：＿＿＿＿，＿＿＿＿＿＿＿＿＿＿と言いましたが，

2. 主張 ＿＿＿＿＿＿＿＿＿＿＿＿＿＿＿＿＿＿＿＿＿＿＿＿

3. 根拠　なぜならば，
＿＿＿＿＿＿＿＿＿＿＿＿＿＿＿＿＿＿＿＿＿＿＿＿＿＿＿＿

4. まとめ
□よって，（現状に問題はないので）プランを導入する必要はありません。
□よって，メリットは発生しません。
□よって，メリットは重要ではありません。
□その他 ＿＿＿＿＿＿＿＿＿＿＿＿＿＿＿＿＿＿＿＿＿＿

第Ⅱ部　モデルで学び，実践してみよう

12 肯定側反論作成シート（⑥肯定側第一反駁で使用）

作成例

☆否定側からの立論に対する否定側の反論を作成しましょう。

プランから発生するデメリット　　救急隊員のストレス増加

| プランなし現状 | 救急車を呼んでも無料 | 無料だから過剰なサービスを要求しない | 救急隊員に負担ない | 救急隊員にストレスない |
| プランありプラン後 | 救急車を呼ぶのにお金がかかる | 有料だからと過剰なサービスを要求 | 救急隊員に負担がかかる | 救急隊員のストレス増加 |

深刻性：命の現場で働く救急隊員に不要なストレスをかけてはいけない

・・・

1. 引用
☑現状の説明で　　□プラン後の説明で
□深刻性で　　　　□その他：＿＿＿＿，　救急隊員に負担はない　と言いましたが，

2. 主張　　今でも救急隊員に負担はあります

3. 根拠　なぜならば，
今でも救急隊員は命のやり取りをする現場で働いており，大きなストレスを感じているはずだからです。

4. まとめ
☑よって，デメリットは論題と関係なく，現状でも発生する問題です。
□よって，デメリットは発生しません。
□よって，デメリットは深刻ではありません。
□その他

・・・

1. 引用
□現状の説明で　　□プラン後の説明で
☑深刻性で　　　　□その他：＿＿＿＿，　救急隊員医ストレスをかけてはいけない　と言いましたが，

2. 主張　　その深刻性は発生しません

3. 根拠　なぜならば，
具体的にどれだけのストレスを救急隊員が感じるかよくわからないからです。また，今でも救急隊員は命のやり取りというとても強いストレスを感じており，これ以上のストレスを感じるのかが不明だからです。

4. まとめ
□よって，デメリットは論題と関係なく，現状でも発生する問題です。
□よって，デメリットは発生しません。
☑よって，デメリットは深刻ではありません。
□その他

第6章 医療問題を考える

12 肯定側反論作成シート（⑥肯定側第一反駁で使用）

☆否定側からの立論に対する否定側の反論を作成しましょう。

プランから発生するデメリット _____

> やってみよう！
> 164頁の例を参考に，159頁に自分で書いたデメリットに反論しよう！

☆ここには，159頁に自分で書いたデメリットのシステムマップを書きましょう。

○───○───○───○───○
プランなし
現状

○───○───○───○───○
プランあり
プラン後

深刻性：

・・

1. 引用
□現状の説明で　□プラン後の説明で
□深刻性で　□その他：_____，_____ と言いましたが，

2. 主張 _____

3. 根拠　なぜならば，
_____

4. まとめ
□よって，デメリットは論題と関係なく，現状でも発生する問題です。
□よって，デメリットは発生しません。
□よって，デメリットは深刻ではありません。
□その他 _____

・・

1. 引用
□現状の説明で　□プラン後の説明で
□深刻性で　□その他：_____，_____ と言いましたが，

2. 主張 _____

3. 根拠　なぜならば，
_____

4. まとめ
□よって，デメリットは論題と関係なく，現状でも発生する問題です。
□よって，デメリットは発生しません。
□よって，デメリットは深刻ではありません。
□その他 _____

第Ⅱ部 モデルで学び，実践してみよう

13 肯定側立て直し作成シート（⑥肯定側第一反駁で使用）

☆否定側に反論されたことを肯定側が立て直すためのシートです。立論の立て直しをしましょう。

プランから発生するメリット　｜税金の適正利用｜

〔作成例〕

1. 引用
☐現状の説明　☑プラン後の説明
☐重要性　☐その他：_____，に対して否定側第一反駁で｜他に税金は使われない｜と言いましたが，

2. 主張
　　　　確実に他の所に税金は使われます。

3. 根拠　なぜならば，
政治家は国民からの支持を得ないと次の選挙で負けてしまう恐れがあるので，国民が必要としているところに税金を使おうとします。そのため，救急車に使われていた税金が浮けば，その分国民が必要としているような，例えば救急車の台数を増やしたり，少子化対策を行ったりするはずだからです。

4. まとめ
☐よって，（現状に問題があるので）プランを導入する必要があります。
☑よって，メリットは発生します。
☐よって，メリットは重要です。
☐その他

〔やってみよう！　例を参考にメリットに対する反論を想定し，それに反論しよう！〕

1. 引用
☐現状の説明　☐プラン後の説明
☐重要性　☐その他：_____，に対して否定側第一反駁で｜　　　｜と言いましたが，

2. 主張

3. 根拠　なぜならば，

4. まとめ
☐よって，（現状に問題があるので）プランを導入する必要があります。
☐よって，メリットは発生します。
☐よって，メリットは重要です。
☐その他

1. 引用
☐現状の説明　☐プラン後の説明
☐重要性　☐その他：_____，に対して否定側第一反駁で｜　　　｜と言いましたが，

2. 主張

3. 根拠　なぜならば，

4. まとめ
☐よって，（現状に問題があるので）プランを導入する必要があります。
☐よって，メリットは発生します。
☐よって，メリットは重要です。
☐その他

第6章　医療問題を考える

14 否定側立て直し作成シート（⑦否定側第二反駁で使用）

☆肯定側に反論されたことを否定側が立て直すためのシートです。立論の立て直しをしましょう。

プランから発生するデメリット　| 救急隊員のストレス増加 |

作成例

1. 引用
□現状の説明　□プラン後の説明
☑深刻性　□その他：_____，に対して肯定側第一反駁で | 深刻性は無い | と言いましたが，

2. 主張
| デメリットに深刻性はあります。 |

3. 根拠　なぜならば，
| 命の現場でやりとりをしている救急隊員だからこそ，他の要因でストレスが増えてしまうことはとても問題だからです。 |

4. まとめ
□よって，デメリットは論題と関係があり，プランを導入しなければ発生しない問題です。
□よって，デメリットは発生します。
☑よって，デメリットは深刻です。
□その他

やってみよう！
例を参考にデメリットに対する反論を想定し，それに反論しよう！

1. 引用
□現状の説明　□プラン後の説明
□深刻性　□その他：_____，に対して肯定側第一反駁で | | と言いましたが，

2. 主張

3. 根拠　なぜならば，

4. まとめ
□よって，デメリットは論題と関係があり，プランを導入しなければ発生しない問題です。
□よって，デメリットは発生します。
□よって，デメリットは深刻です。
□その他

1. 引用
□現状の説明　□プラン後の説明
□深刻性　□その他：_____，に対して肯定側第一反駁で | | と言いましたが，

2. 主張

3. 根拠　なぜならば，

4. まとめ
□よって，デメリットは論題と関係があり，プランを導入しなければ発生しない問題です。
□よって，デメリットは発生します。
□よって，デメリットは深刻です。
□その他

第Ⅱ部　モデルで学び，実践してみよう

15 否定側まとめ作成シート（⑦否定側第二反駁で使用）

●これまでの議論をまとめて否定側の勝利を主張するためのシートです。

☆1．メリットの評価：試合の議論を整理し，メリットが小さいことを説明しましょう。 作成例
肯定側は立論で，　メリット「税金の適正利用」　が発生すると言いました。

> 浮いた税金がどのような使われ方をするか不明で，国債の返済に使われてしまう可能性もあるからです。そのため，メリットはどれだけ税金が他の所で利用されるか不明で，実際利用されたとしてもどれだけの効果が期待できるかよくわかりません。

よって，メリットは，立論通りの大きさではありません。

☆2．デメリットの評価：試合の議論を整理し，デメリットが残っていて，それが深刻な問題であることを説明しましょう。
一方，我々は，否定側立論で，　デメリット「救急隊のストレス増加」　が発生すると言いました。

> 救急車の有料化によって利用者から救急隊員に起こされる過剰なサービスの要求は論題で初めて起こる問題であり，特に命の現場にいる救急隊員に，これ以上過剰で不要なストレスが生じることはとても深刻です。

よって，デメリットは発生し，それは深刻な問題です。

☆3．メリットとデメリットの比較：上の1と2をふまえて，なぜメリットよりデメリットが大きいかを説明しましょう。
以上をふまえると，デメリットがメリットを上回っています。なぜならば，

> 救急隊員に新しいストレスが発生することは間違いなく，具体的な恩恵が不明なメリットを考えるよりも先に多くの国民を守ってくれる救急隊員を国は守るべきです。

以上より，プランを導入すべきではありません。

第6章　医療問題を考える

15 否定側まとめ作成シート（⑦否定側第二反駁で使用）

●これまでの議論をまとめて否定側の勝利を主張するためのシートです。

☆1. メリットの評価：試合の議論を整理し，メリットが小さいことを説明しましょう。
肯定側は立論で，［　　　　　　　　　　　］が発生すると言いました。

```
┌─────────────────────────────────────────┐
│                          ┌──────────────┐│
│                          │やってみよう！ ││
│                          │168頁の例を参考に，││
│                          │まとめを書いてみよう！││
│                          └──────────────┘│
│                                         │
│                                         │
│                                         │
└─────────────────────────────────────────┘
```

よって，メリットは，立論通りの大きさではありません。

☆2. デメリットの評価：試合の議論を整理し，デメリットが残っていて，それが深刻な問題であることを説明しましょう。

一方，我々は，否定側立論で，［　　　　　　　　　　　］が発生すると言いました。

```
┌─────────────────────────────────────────┐
│                                         │
│                                         │
│                                         │
│                                         │
└─────────────────────────────────────────┘
```

よって，デメリットは発生し，それは深刻な問題です。

☆3. メリットとデメリットの比較：上の1と2をふまえて，なぜメリットよりデメリットが大きいかを説明しましょう。

以上をふまえると，デメリットがメリットを上回っています。なぜならば，

```
┌─────────────────────────────────────────┐
│                                         │
│                                         │
│                                         │
│                                         │
│                                         │
└─────────────────────────────────────────┘
```

以上より，プランを導入すべきではありません。

第Ⅱ部　モデルで学び，実践してみよう

16 肯定側まとめ作成シート（⑧肯定側第二反駁で使用）　作成例

●これまでの議論をまとめて側の勝利を主張するためのシートです。

☆1. デメリットの評価：試合の議論を整理し，デメリットが小さいことを説明しましょう。

否定側は立論で，　デメリット「救急隊のストレス増加」　が発生すると言いました。

今でも命にかかわる仕事をしている救急隊員はストレスを感じており，それ以上のストレスが論題で発生するか不明なこと，また実際にストレスを感じたとしても，どのような負担を救急隊員が感じるか不明です。

よって，デメリットは，立論通りの大きさではありません。

☆2. メリットの評価：試合の議論を整理し，メリットが残っていて，それが重要な問題であることを説明しましょう。

一方，我々は，肯定側立論で，　メリット「税金の適正利用」　が発生すると言いました。

救急車の有料化により，救急車の利用に必要だった税金は他の所に間違いなく回せます。そして国民が期待するところに税金は使われるはずなので，国民が必要とするサービスが充実します。

よって，メリットは発生し，それは重要な問題です。

☆3. メリットとデメリットの比較：上の1と2をふまえて，なぜデメリットよりメリットが大きいかを説明しましょう。

以上をふまえると，メリットがデメリットを上回っています。なぜならば，

なぜなら，どれだけ増えるかもわからないし，どのような負担が増えるかわからないストレスよりも，広く国民が利益を享受できる税金の適正利用を発生させるべきです。

以上より，プランを導入すべきです。

第6章 医療問題を考える

16 肯定側まとめ作成シート（⑧肯定側第二反駁で使用）

●これまでの議論をまとめて側の勝利を主張するためのシートです。

☆1. デメリットの評価：試合の議論を整理し，デメリットが小さいことを説明しましょう。
否定側は立論で，[　　　　　　　　　　　　　　]が発生すると言いました。

> やってみよう！
> 170頁の例を参考に，
> まとめを書いてみよう！

よって，デメリットは，立論通りの大きさではありません。

☆2. メリットの評価：試合の議論を整理し，メリットが残っていて，それが重要な問題であることを説明しましょう。
一方，我々は，肯定側立論で，[　　　　　　　　　　　]が発生すると言いました。

よって，メリットは発生し，それは重要な問題です。

☆3. メリットとデメリットの比較：上の1と2をふまえて，なぜデメリットよりメリットが大きいかを説明しましょう。
以上をふまえると，メリットがデメリットを上回っています。なぜならば，

以上より，プランを導入すべきです。

171

第Ⅱ部　モデルで学び，実践してみよう

> **学習課題**
>   医療問題としては，他にも下のようなテーマが存在しています。
> ①日本は積極的安楽死を法的に認めるべきである。是か非か。
> ②日本は代理母出産を法的に認めるべきである。是か非か。
> ③日本はドナーカードの記載を国民に義務付けるべきである。是か非か。
> ④日本は診療科ごとに医師の数に上限を設けるべきである。是か非か。
> ⑤日本はすべての国民の医療費負担を3割に統一すべきである（高齢者の医療費負担を引き上げるべきである）。是か非か。
>
>   身近なテーマから専門性の高いテーマまで様々なものがあります。付録のワークシートを用いて是非みなさんも取り組んでみてください。

引用・参考文献

　下記に救急車論題に関する文献を列挙します。実は本章は全てインターネットの記事を参照しました。ネット記事の引用は信憑性の問題はありますが調べるのが簡単で利用しやすいという特徴もあります。もしよければ立論や反駁で利用してみてください。特に公的な文書や，著者が明確なものが利用しやすいでしょう（例えば，消防白書は公的な文書の一つで，発表された時期もホームページ内に記載があり利用しやすいです）。

「『隠れた重症』を見分けるコツ【実名臨床道場】2013年9月25日」https://www.m3.com/clinical/open/rinshodojo/180508（2024年1月6日閲覧）。

「看護roo！『こんなことで救急車？！　看護師が感じる救急車利用の実態』宮前直美（看護師）2018年9月9日」https://www.kango-roo.com/work/6102/（2024年1月6日閲覧）。

「『救急車，医師の8割以上が有料化すべき』m3.com　佐藤真希（医療ライター）2023年8月26日」https://www.m3.com/news/open/iryoishin/1160534（2024年1月6日閲覧）。

「『顧客はなぜそんなに偉いのか？』大崎高宏（中小企業診断士）2019年10月21日公開」https://takahiro-oosaki.com/kokyaku-erai/（2024年1月6日閲覧）。

「J-CASTニュース　2011年1月16日」https://www.j-cast.com/2011/01/16085596.html?p=all（2024年1月6日閲覧）。

「消防庁HP」https://www.fdma.go.jp/en/items/en_03.pdf（2024年1月6日閲覧）。

「中国時報　2008年5月5日」https://ryukyushimpo.jp/news/prentry-131794.html（2024年

1月6日閲覧）。
「日経ビジネス 『医師の9割が救急車の有料化を支持』 大滝隆行 2016年11月17日」 https://business.nikkei.com/atcl/report/16/030200012/111600021/（2024年1月6日閲覧）。
「日本と世界の統計データ 『世界各国の救急車を呼ぶ料金』」 https://toukeidata.com/iryou/world_kyukyusya.html（2024年1月6日閲覧）。
「令和2年度消防白書」https://www.fdma.go.jp/publication/hakusho/r2/chapter2/section5/56699.html（2023年12月31日閲覧）。
「令和4年消防白書」https://www.fdma.go.jp/publication/hakusho/r4/items/part2_section5.pdf（2023年12月31日閲覧）。

〈応援メッセージ〉
私が質疑を好きな理由

　ディベートの中で質疑はともすれば軽視されがちなパートですが，私は質疑の時間がとても好きです。ディベートの試合の中で唯一相手と会話ができるパートだからです。最初は何を聞いていいか戸惑うかもしれません。ですが，困った時は素直に困っていることを聞いてもよいのです。「立論は本当にメリットですか。」「このデメリットは誰が困りますか。」など，何なら「〇〇という言葉がわからなかったから教えて下さい」と聞いてもよいです。本来質疑は自由な時間であるべきと考えています。そしてそれは実社会でも同じです。みなさんは講義や実習の中で質問の時間に質問していますか。是非素直に質問してみてください。その練習として，ディベートの質疑を活用してもらえれば，ディベーターとしてこれ以上の幸せはありません。

（石原敏和）

第Ⅱ部　モデルで学び，実践してみよう

第7章

政治制度を考える——一院制について

本章では，政治制度をテーマにしたディベートに取り組みます。政治とは，人々の利害を調整したり様々な意見をまとめあげることで意思決定を行うことです。社会の在り方やルールを決める仕組みである政治制度のあるべき姿を議論する中で，日本の抱える課題や，私たち自身が社会にどう関わっていくべきか，考えてみましょう。

本章では，「日本は国会を一院制にすべきである。是か非か」という論題を取り上げていきます。

1　論題解説——「日本は国会を一院制にすべきである。是か非か」

（1）一院制論題を考える意義

日本では，選挙で選ばれた議員によって構成される国会で法律が作られています。現在，日本の国会は，衆議院と参議院という二つの院からなり，両院で可決されることによって法律が成立します（二院制）。しかしながら，国会が二院であるというのは当然のことではなく，世界には一つの院しかない「一院制」の国もありますし，日本でも県や市町村などの地方公共団体には一つの院しかありません。それにもかかわらず，国会に二つの院を置いて議論することにはどのような意味があるのでしょうか。この意味を考えることを通じて，政治の仕組みや，国家の意思決定のあり方について学びを深めましょう。

（2）「一院制」の定義

一院制といっても，今ある衆議院と参議院を合体させる，どちらか一つを廃止する，全く新しい別の院を作る……など，様々な考え方があり得ますが，今回の論題では，議論を分かりやすくするため，日本で一院制を議論する論者の多くが提案する「参議院を廃止して，衆議院だけの一院にする」制度を考える

ことにします。

(3)「二院制」の仕組みと特徴

　一院制を議論する前に，現在の日本の国会（二院制）がどのようなものであるかを整理しておきましょう。

　衆議院と参議院は，ともに選挙によって選ばれた議員によって構成されますが，その任期や構成などには表7-1のように差があります。参議院議員のほうが，議員に立候補できる年齢が5歳高くなっており，また，議員になった後の任期も衆議院より2年長い6年となっています（3年ごとに半数が入れ替わります）。また，衆議院は解散により任期途中で辞職する可能性がありますが，参議院には解散がないため，6年の任期が確保されています。このような仕組みは，参議院に対して，知識・経験の豊富な議員が選挙を意識せず長期的な視野に立った審議を行うことを期待するためのものとされています。そのほかにも，衆議院と参議院では議員を選ぶ選挙制にも違いがありますので，どんな違いがあるのか，それによって議員の性格にどのような差が生じるのかについて，調べてみてください。

　衆議院と参議院の一番の違いは，両院で考え方が異なる場合に，衆議院が優先するような仕組み（衆議院の優越）があることです。具体的には，以下のような点で衆議院が優先されます。

①衆議院で可決し，参議院で否決された法律について，衆議院が出席議員の3分の2以上の多数で再可決した場合，法律になる。
②予算は先に衆議院で審議する。また，予算について参議院が衆議院と異なる議決をした後両院での話し合い（両院協議会）でも折り合いがつかない場合や，30日以内に参議院が衆議院の可決した予算を議決しなかった場合には，衆議院の議決が国会の議決になる。
③条約についても，予算と同様の事態（上記②）が生じた場合，衆議院の議決が国会の議決になる。
④内閣総理大臣（首相）の指名について，参議院が衆議院と異なる議決をし

表7-1 衆議院と参議院の違い

	衆議院	参議院
被選挙権	25歳以上	30歳以上
議員の任期	4年	6年
解散	あり	なし
議員数	465人	248人

出所：筆者作成。

た後両院協議会でも折り合いがつかない場合や，10日以内に参議院が衆議院の可決した予算を議決しなかった場合には，衆議院の議決が国会の議決になる。

⑤衆議院だけが，内閣不信任案決議により，内閣に辞職を求めることができる（内閣は辞職するか衆議院を解散するかを選択する）。

上記のように衆議院が参議院に優先するのは，衆議院は議員の任期が短く，解散によって選挙を受ける機会も多いことから，より国民の意思を反映していると考えられることによります。

（4）「二院制」の利点と欠点

二院制では，参議院が，衆議院とは別に審議をすることで法律の質を高めるダブルチェックや，衆議院が拙速に法律を通してしまうことを防ぐブレーキ役として機能することが期待されています。そのために，衆議院とは異なる議員資格や任期，選挙制度を設定して議員の多様性を確保したり，そもそも選挙の時期を異ならせることによって様々な国民の意見を反映させる（選挙が行われた時期によって，各政党への支持率や国民の関心事は異なる）といった制度上の工夫がされています。

しかしながら，実際に参議院が上記のような役割を果たしているのかという点については，疑問が提起されることがあります。参議院で衆議院と違う観点からの審議が行われているのか，参議院で意味のある否決や修正がされた例はどのくらいあるのだろうか，という疑問です。

また，衆議院と参議院で多数派が異なる「ねじれ国会」が生じた場合，衆議院で多数派を占める与党（内閣，政府）の支持する法律案が参議院で否決され，容易に再議決することが難しいことから廃案になってしまい，結果として政策が実現しなくなり，国政が停滞する懸念もあります。これを，ブレーキが適切に効いた結果と見るのか，ブレーキが効きすぎていると評価するのかは難しいところですが，直近の衆議院選挙で与党が勝ったとしても，参議院で多数派を取れていなければ政策を進められないということになると，少なくとも直近の選挙で示された民意には沿わない結果が生じてしまっているということになりそうです。

　以上のように，参議院は，独自の意義を発揮しないのであれば無意味であるし，衆議院に対抗しすぎるとかえって問題を生じさせかねないという微妙な立ち位置にあります。このことを，フランス革命で活躍したエマニュエル＝ジョセフ・シェイエス（Emmanuel-Joseph Sieyès）は「第二院が第一院と意見が一致するのであれば無用だし，意見が異なれば有害である」と表現しています。もっとも，シェイエスの意見が本当かどうか確かめるためには，日本の参議院が実際にどんな役割を果たしてきたのか，日本の政治家や国民の意識はどのようなものであるか，といったことをよく調べ，考えてみる必要があります。

2　考えられるメリット

（1）審議の迅速化／必要な政策の実現

　二院制の下では，衆議院と参議院の両院で可決しなければ法律は成立しません。参議院での審議が長引き採決の前に国会の会期が終わってしまうと，そのまま廃案になったり，次の会期まで持ち越しとなることで，法律が成立しなくなったり，成立に遅れが出たりしてしまいます。特に，「ねじれ国会」が発生してしまうと，参議院での対立で審議の長期化や否決が生じ，その結果，国民に必要な政策や，与党が公約とした政策の実現が遅れたり，実現しなくなったりするという問題が生じる可能性があります。このような問題を解決するため，参議院を廃止して一院制に移行すべきだという主張が考えられます。

もっとも，この主張を説得的に展開するためには，成立が妨げられた政策が国民にとって必要であり，これに反対する参議院の動きが有害であるということを，過去の実例などを踏まえて説明していく必要があります。また，必要な政策が迅速に実現しないことがなぜ深刻なのか具体的な説明ができるよう，これからの政治がどんな課題に対応する必要があるのか，その対応に参議院での審議停滞がどのような影響を及ぼすのか，といったことも考えられると説得的な議論ができるでしょう。

（2）政権の安定化

「ねじれ国会」が生じ，審議の停滞が深刻化した場合，そのことによって政権運営が立ち行かなくなり，国民の政権への不満が高まることで，内閣が辞職し首相が交代することが考えられます（野党がこのような事態を狙って参議院で反発するということもあるでしょう）。首相が頻繁に交代すると，政策の方針が定まらず中長期的な悪影響が生じることも考えられますし，外交上も他国との信頼関係を築きにくくなってしまいます。そこで，内閣と国会多数派の不一致（ねじれ）を防ぎ，政権を安定化するため，参議院を廃止して一院制に移行すべきだという主張が考えられます。

この主張をメリットとして打ち出す場合，首相が交代しない（政権が安定する）ことの利点を具体的に説明できるようにしておくことに加えて，二院制における首相の交代が健全な民意の反映方法であるという見方に対して説得的な再反論ができるよう準備しておくことが望まれます。

（3）責任の明確化

「ねじれ国会」には，ねじれによって審理の停滞が生じ，政権運営が上手くいかなくなったとしても，それが与党の能力不足のせいなのか，野党の反対のせいなのかよく分からず，責任の所在があいまいになるという問題もあります。その結果，国民が与党を支持するか否かの判断をしにくくなったり，野党も無責任な反対をしやすくなったりするという弊害が生じ得ます。

これに対して，一院制であれば，政権与党が内閣と国会の両方を把握してい

るため，政治の成功や失敗の原因が分かりやすくなるうえ，一回の選挙で一挙に政権交代が実現するため，与野党の健全な競争が起きやすくなるという考え方もあります。

（4）コストの削減

参議院を廃止すれば，その分議員や職員が減り，選挙の回数も減少するので，費用が削減されるという主張が考えられます。もっとも，仮に参議院の存在によって日本の政治の質が高まるのだとすれば，そのためには多少のコストが生じても仕方ないと考えられるため，この主張を行うとしてもあくまで副次的なものにとどまるでしょう。

3　考えられるデメリット

（1）法律の質の低下

二院制では審議が長引くと言われますが，逆に言えば，その分慎重に審議していると言うこともできます。2（4）で見た通り，少なくとも制度上，参議院には衆議院にはない独自性があり，衆議院とは別の観点から審議をすることが期待できます。このような審議の機会が失われることで，法律の質が低下してしまうため，一院制に移行すべきではないという主張が考えられます。

二院制の方が法律の質が高くなるというためには，実際に参議院が衆議院の可決した法律案を修正した例や，問題の多い法律案を否決したという例を示すことが必要になるでしょう。また，それが「たまたま」ではなく，参議院があってこその効果だというためには，参議院による審議の独自性についても，掘り下げた説明ができるようにしておきたいところです。

（2）世論形成の機会の喪失

審議が長引く問題とも関係しますが，重大な法案について，衆議院での審議を受けて盛り上がった世論を受けて参議院で審理できる利点があるという主張も考えられます。二院があることによって世論を審議に反映できた実例や，国

会の意義として，決めることだけでなくその過程も大切であるといった考え方を説明できれば，説得的な議論を展開できるでしょう。

（3）与党の暴走を止められなくなる

メリットでは与党の政策が実現しやすくなることが取り上げられがちですが，逆に言えば，一院制が実現すると，与党が選挙結果を受けて少数派を軽視した政策を進める場合や，選挙の争点になっていないところで好き勝手に政策を進めようとしている場合に，これを阻止することができなくなってしまいます。この点を取り上げて，参議院は与党の暴走を止めるためのブレーキであり，このブレーキを失わせる一院制に移行すべきでないという主張をすることが考えられます。具体的にどのような「暴走」が考えられるのか，一院の場合に暴走を止める仕組みはないのか，といった点を考えた上で主張を組み立てましょう。

（4）政府の監視機能の喪失

国会には国政について証人の出頭や記録の提出を求めて調査することができる権限（国政調査権）がありますが，議院の多数派でないとこのような調査の実施は難しく，ねじれ国会のように政権与党と対立する野党が参議院を支配する状況が生じなければ実施しにくいものと言えます。ねじれ国会による政治の停滞は，政府に対する健全な監視につながるものであり，このような機会が失われる一院制に移行すべきでないという主張をすることが考えられます。この主張をするに当たっては，過去に参議院で政府の監視が進んだ例や，衆議院だけでは監視が実現しない理由について丁寧に説明する必要があります。

4　よりよい議論をするためのヒント

一院制を考えるためには，日本の政治制度についてよく調べることがスタートになります。国会の仕組みだけでなく，法律を決めるまでにどんな人たちが関係するか（例えば，政党，内閣，利益団体，官僚など），どんな風に選挙が行われるのか，といったことも調べてみると，参議院の存在意義に関するヒントが

見つかります。

　また，国会で法律を決めるという制度の前提にある「民主主義」とは何か，そこで重要とされる「民意」とは何か，なぜ重要なのか……といった抽象的なテーマも，一院制を含めた政治について説得的な議論をするためには避けて通れません。この機会に調べたり自分なりに考えたりしてみてください。

5　ワークシートを用いてディベートをしてみよう

> やってみよう！
> 　本章の解説をもとに，実際のディベートを想定して，182頁からのワークシートを用いて，本論題について考えてみましょう。
> 　その後，肯定側・否定側・審判に分かれて，ディベートをしてみましょう。

第Ⅱ部　モデルで学び，実践してみよう

②リンクマップ作成シート（肯定側否定側双方が使用）

☆論題を中央に書き入れ，どのようなメリット・デメリットが生じていくのか書き足していきましょう。そのうえで，以下のことを考えましょう。
①メリットとデメリットの関係を考える　②試合で使うメリットやデメリットを選ぶ
③相手の議論を予測する

> やってみよう！
> 例を参考にしながら，付け足してリンクマップを書こう。さらに書きたい人は，付録のワークシートを使ってみよう。

作成例

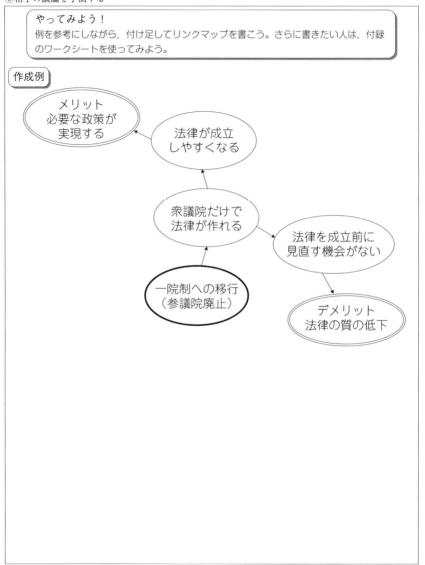

第7章 政治制度を考える

3 肯定側システムマップ作成シート （4 肯定側立論作成シートに記入する前に使用）

- メリット・デメリットはプラン前とプラン後の変化を説明するものです。
- システムマップの見方・議論は左側から右側へ流れていきます。
- 上の線が現状，下の線がプラン後を表します。上の議論と下の議論は対応して
☆プラン前後の差をシステムマップで表現してみましょう。

やってみよう！
例を参考に，システムマップを2つ書いてみよう！

論題：一院制への移行　　　　メリット：必要な政策が実現する

【作成例】

プランなし
現状 ── 参議院でも可決しないと法律ができない ── 参議院の過半数が野党の場合法律が否決される ── 政府が必要とする法律が作れない ── 必要な政策が実現できない

プランあり
プラン後 ── 衆議院だけで法律ができる ── 衆議院は与党が多数なので法律は否決されない ── 政府が必要とする法律が作れる ── 必要な政策が実現できる

重要性：政府が必要とする政策をすぐに実現することで時代の流れに対応できる

論題：一院制への移行　　　　メリット：

プランなし
現状

プランあり
プラン後

重要性：

論題：一院制への移行　　　　メリット：

プランなし
現状

プランあり
プラン後

重要性：

第Ⅱ部　モデルで学び，実践してみよう

4 肯定側立論作成シート（①肯定側立論で使用）

☆3で作成したシステムマップをもとに，立論を作成しましょう。
＜肯定側立論＞プラン導入に賛成

プランから発生するメリット　　必要な政策が実現する　　作成例

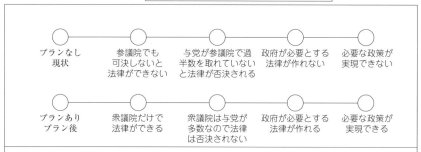

重要性：政府が必要とする政策をすぐに実現することで時代の流れに対応できる

☆話し言葉の文章にしてみましょう。

●プランから発生するメリットは，　必要な政策が実現すること　です。

●現状の説明（プランなし）をします。

> 現状では，法律を成立させるには衆議院と参議院の二院で可決する必要があるため，参議院で可決できないと法律はできません。
> ここで，参議院選挙で与党が負け，過半数を取れていない「ねじれ国会」になってしまうと，参議院で，政権与党と戦うことで自分たちの存在意義を見せたい野党が内閣の提案した法律に反対することで法律が否決され，その結果，政府が必要とする法律が作れなくなってしまいます。
> 法律が作れないと，政府が必要と考えている政策が実現できません。

●プランを導入するとどうなるか（プランあり）プラン後の変化を説明します。

> プランを導入すると，参議院がなくなるため，衆議院で可決するだけで法律を作ることができるようになります。
> 衆議院は与党が過半数を取っているので，内閣の提案した法律が否決されることはありません。これによって，政府が必要とする法律を作ることができ，予定通りの政策が実現できるようになります。

●なぜメリットは重要かを説明します。

> 世界情勢や社会が急激に変化していく現代社会においては，その時々の課題に対応するために必要な政策を速やかに実現していく必要があります。二院制によって法律の成立が妨げられ，政策の実現が遅れることで，国民の生命や日本の国際競争力などに大きな損失が生じる可能性があります。このような事態を防ぎ，時代の流れに対応するため，必要な法律を必要なタイミングで成立させられるようになるメリットは重要です。

●よって，プランを導入すべきです。

第7章 政治制度を考える

4 肯定側立論作成シート（①肯定側立論で使用）

☆3で作成したシステムマップをもとに、立論を作成しましょう。
＜肯定側立論＞プラン導入に賛成

プランから発生するメリット _____

> やってみよう！
> 184頁を参考に、立論作成シートを完成させよう！

☆ここには、183頁に自分で書いた2つのシステムマップどちらか一方を書きましょう。

○───○───○───○───○
プランなし
現状

○───○───○───○───○
プランあり
プラン後

重要性：

☆話し言葉の文章にしてみましょう。

● プランから発生するメリットは、_____ です。

● 現状の説明（プランなし）をします。

● プランを導入するとどうなるか（プランあり）プラン後の変化を説明します。

● なぜメリットは重要かを説明します。

● よって、プランを導入すべきです。

185

第Ⅱ部 モデルで学び，実践してみよう

5 否定側質問作成シート（②否定側質疑で否定側が使用）

☆論題から考えられる肯定側立論に対する質問を考えましょう。

やってみよう！
例を参考にして，Q2～Q4を書いてみよう！

プランから発生するメリット　｜　必要な政策が実現する

作成例 Q1	立論引用	「参議院で野党が内閣の提案した法律に反対する結果，政府が必要とする法律が作れない」とおっしゃいましたが，
	質問内容	野党は国民にとって有益な法律であるかどうかに関係なく，どんな法律でも反対するのですか？ 良い法律であれば賛成してくれるのではないですか？
	追加質問	①具体的に野党が反対したせいで不成立になった，良い法律の例を教えていただけますか？ ②その時の反対の理由はどういうものだったのですか？

Q2	立論引用	
	質問内容	
	追加質問	

Q3	立論引用	
	質問内容	
	追加質問	

Q4	立論引用	
	質問内容	
	追加質問	

第7章　政治制度を考える

6 肯定側応答作成シート（②否定側質疑で肯定側が使用）

☆否定側からの質問を予想し，対する応答を考えましょう。

プランから発生するメリット　必要な政策が実現する

やってみよう！
例を参考にして，Q2〜Q4を書いてみよう！

作成例 Q1	立論引用	「参議院で野党が内閣の提案した法律に反対する結果，政府が必要とする法律が作れない」とおっしゃいましたが，
	予想される質問	野党は国民にとって有益な法律であるかどうかに関係なく，どんな法律でも反対するのですか？ 良い法律であれば賛成してくれるのではないですか？
	応答	野党は与党が法律を通せずに失敗すればそれで得点をかせげるので，国民にとって良い法律でもあら捜しをして反対します。

Q2	立論引用	
	想定される質問	
	応答	

Q3	立論引用	
	想定される質問	
	応答	

Q4	立論引用	
	想定される質問	
	応答	

第Ⅱ部　モデルで学び，実践してみよう

7 否定側システムマップ作成シート（ 8 否定側立論作成シートに記入する前に使用）

- メリット・デメリットはプラン前とプラン後の変化を説明するものです。
- システムマップの見方・議論は左側から右側へ流れていきます。
- 上の線が現状，下の線がプラン後を表します。上の議論と下の議論は対応して
☆プラン前後の差をシステムマップで表現してみましょう。

やってみよう！
例を参考に，システムマップを２つ書いてみよう！

論題：一院制への移行　　　デメリット：法律の質の低下

【作成例】

プランなし現状：　○──○──○──○──○
　　　　　　　　　　参議院でも　　衆議院にない　　問題のある法律が　　きちんとした
　　　　　　　　　　法律を審議する　視点で審議がされる　修正される　　　法律ができる

プランありプラン後：　○──○──○──○──○
　　　　　　　　　　参議院での　　衆議院の視点　　問題のある法律が　　法律の質が
　　　　　　　　　　審議がなくなる　だけで審議される　修正されないまま成立する　下がる

深刻性：国民の権利が不当に制約される

論題：一院制への移行　　　デメリット：

プランなし現状：　○──○──○──○──○

プランありプラン後：　○──○──○──○──○

深刻性：

論題：一院制への移行　　　デメリット：

プランなし現状：　○──○──○──○──○

プランありプラン後：　○──○──○──○──○

深刻性：

第7章 政治制度を考える

8 否定側立論作成シート（③否定側立論で使用）

☆⑦で作成したシステムマップをもとに、立論を作成しましょう。
＜否定側立論＞現状維持（プラン導入に反対）　　　　　　　　　作成例

プランから発生するデメリット　　　法律の質の低下

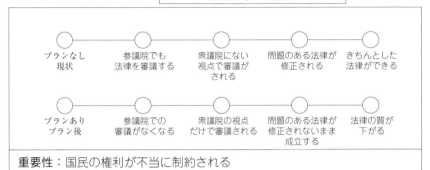

重要性：国民の権利が不当に制約される

☆話し言葉の文章にしてみましょう。

● プランから発生するデメリットは、　　法律の質の低下　　　です。

● 現状の説明（プランなし）をします。

現状は、衆議院だけでなく参議院でも法律を審議します。その分、多様な意見が反映されます。
参議院は、衆議院と異なり、解散がなく任期の長い議員によって構成されるため、衆議院にはない長期的な視点から法律を審議します。そのような審議の結果、参議院では衆議院では見逃されていた法律の問題点が指摘され、修正されています。その結果、より問題の少ない、よい法律が作られています。

● プランを導入するとどうなるか（プランあり）プラン後の変化を説明します。

プランを導入すると、参議院がなくなるため、衆議院の審議だけで法律ができるようになります。そうすると、意見の多様性が失われ、問題のある法律が修正されないまま成立してしまい、その結果、問題のある法律ができてしまいます。

● なぜデメリットは深刻かを説明します。

法律は、国民の権利を制約することができるものです。目先の目的だけで拙速に審議し、色々な立場に配慮せず法律を作ってしまうと、少数派の権利が過度に制限されてしまうなど、国民の権利が不当に制約される事態が生じてしまいます。一度法律ができてしまうと廃止は難しいし、権利が制約されると取り返しはつかないので、国民の権利を不当に制約する法律ができてしまうことは深刻です。

● よって、プランを導入すべきではありません。

第Ⅱ部 モデルで学び，実践してみよう

8 否定側立論作成シート（③否定側立論で使用）

☆7で作成したシステムマップをもとに，立論を作成しましょう。
<否定側立論>現状維持（プラン導入に反対）

プランから発生するデメリット ［　　　　　　　　　　　　　　　］

> やってみよう！
> 189頁を参考に，立論作成シートを完成させよう！

☆ここには，188頁に自分で書いた２つのシステムマップどちらか一方を書きましょう。

　　　○─────○─────○─────○─────○
　プランなし
　　現状

　　　○─────○─────○─────○─────○
　プランあり
　プラン後

重要性：

☆話し言葉の文章にしてみましょう。

● プランから発生するデメリットは，［　　　　　　　　　　　　］です。

● 現状の説明（プランなし）をします。

　　　　　　　　　　　　　　　　　　　　　　　　　　　　　　　　　　　　

● プランを導入するとどうなるか（プランあり）プラン後の変化を説明します。

　　　　　　　　　　　　　　　　　　　　　　　　　　　　　　　　　　　　

● なぜデメリットは深刻かを説明します。

　　　　　　　　　　　　　　　　　　　　　　　　　　　　　　　　　　　　

● よって，プランを導入すべきではありません。

第7章 政治制度を考える

9 肯定側質問作成シート（④肯定側質疑で肯定側が使用）

☆論題から考えられる肯定側立論に対する質問を考えましょう。

プランから発生するデメリット｜法律の質の低下

やってみよう！
例を参考にして，Q2〜Q4を書いてみよう！

作成例 Q1	立論引用	「参議院は，衆議院と異なり，解散がなく任期の長い議員によって構成されるため，衆議院にはない長期的な視点から法律を審議する」とおっしゃいましたが
	質問内容	参議院には衆議院にない長期的な視点があるということですが，長期的視点というのは具体的にはどんなものですか。長期的視点で法律を審議するとどんないいことがあるのですか。
	追加質問	長期的視点から審議した結果，法律が修正された例を教えてください。

Q2	立論引用	
	質問内容	
	追加質問	

Q3	立論引用	
	質問内容	
	追加質問	

Q4	立論引用	
	質問内容	
	追加質問	

第Ⅱ部　モデルで学び，実践してみよう

10 否定側応答作成シート（④肯定側質疑で否定側が使用）

☆肯定側からの質問を予想し，対する応答を考えましょう。

プランから発生するデメリット　｜　法律の質の低下

やってみよう！
例を参考にして，Q2～Q4を書いてみよう！

Q1 作成例	立論引用	「参議院は，衆議院と異なり，解散がなく任期の長い議員によって構成されるため，衆議院にはない長期的な視点から法律を審議する」とおっしゃいましたが
	予想される質問	参議院には衆議院にない長期的な視点があるということですが，長期的視点というのは具体的にはどんなものですか。長期的視点で法律を審議するとどんないいことがあるのですか。
	応答	衆議院議員より選挙のことを考える必要がないので，選挙受けが悪い指摘も躊躇なくできます。例えば，国民の多数が犯罪への厳罰化を求めているときでも，犯罪者の人権を適切に考慮した意見を出しやすいと思います。
Q2	立論引用	
	想定される質問	
	応答	
Q3	立論引用	
	想定される質問	
	応答	
Q4	立論引用	
	想定される質問	
	応答	

11 否定側反論作成シート（⑤否定側第二反駁で使用）

☆肯定側からの立論に対する否定側の反論を作成しましょう。　　　　　　　作成例

プランから発生するメリット　　| 必要な政策が実現する |

```
○――――○――――○――――○――――○
プランなし  参議院でも   与党が参議院で過半数  政府が必要とする  必要な政策が
現状      可決しないと  を取れていないと法律   法律が作れない    実現できない
        法律ができない  が否決される

○――――○――――○――――○――――○
プランあり  衆議院だけで  衆議院は与党が     政府が必要とする  必要な政策が
プラン後    法律ができる  多数なので法律     法律が作れる    実現できる
                    は否決されない
```

重要性：政府が必要とする政策をすぐに実現することで時代の流れに対応できる

・・・・・・・・・・・・・・・・・・・・・・・・・・・・・・・・・・・・・・・
1. 引用
☑現状の説明で　☐プラン後の説明で
☐重要性で　　　☐その他：_____　[参議院で法律が否決されると政府が必要とする法律が作れない]　と言いましたが，

2. 主張　| 必要性が高ければ参議院で反対されても法律は作れます。 |

3. 根拠　なぜならば，
| 参議院で否決されても，衆議院で3分の2以上の多数が賛成して再可決すれば法律は成立するからです。 |

4. まとめ
☑よって，（現状に問題はないので）プランを導入する必要はありません。
☐よって，メリットは発生しません。
☐よって，メリットは重要ではありません。
☐その他 |　　　　　　　　　　　　　　　　　　　　　　　　　　　　　|

・・・・・・・・・・・・・・・・・・・・・・・・・・・・・・・・・・・・・・・
1. 引用
☐現状の説明で　☐プラン後の説明で
☑重要性で　　　☐その他：_____　[政策をすぐ実現することで時代の流れに対応する必要がある]　と言いましたが，

2. 主張　| 政策を焦って決めるとかえって時代の流れに対応できなくなります。 |

3. 根拠　なぜならば，
| 時代の流れに対応するためには，様々な立場から長期的な視野に立って考えるべきで，スピードよりも十分な審議を尽くすほうが大切だからです。 |

4. まとめ
☐よって，（現状に問題はないので）プランを導入する必要はありません。
☐よって，メリットは発生しません。
☑よって，メリットは重要ではありません。
☐その他 |　　　　　　　　　　　　　　　　　　　　　　　　　　　　　|

第Ⅱ部　モデルで学び，実践してみよう

11 否定側反論作成シート（⑤否定側第二反駁で使用）

☆肯定側からの立論に対する否定側の反論を作成しましょう。

プランから発生するメリット _____

> やってみよう！
> 193頁の例を参考に，185頁に自分で書いたメリットに反論しよう！

☆ここには，185頁に自分で書いたメリットのシステムマップを書きましょう。

○───○───○───○───○
プランなし
現状

○───○───○───○───○
プランあり
プラン後

重要性：

....

1. 引用
□現状の説明で　□プラン後の説明で
□重要性で　　　□その他：_____, _____ と言いましたが，

2. 主張 _____

3. 根拠　なぜならば，
_____

4. まとめ
□よって，（現状に問題はないので）プランを導入する必要はありません。
□よって，メリットは発生しません。
□よって，メリットは重要ではありません。
□その他 _____

....

1. 引用
□現状の説明で　□プラン後の説明で
□重要性で　　　□その他：_____, _____ と言いましたが，

2. 主張 _____

3. 根拠　なぜならば，
_____

4. まとめ
□よって，（現状に問題はないので）プランを導入する必要はありません。
□よって，メリットは発生しません。
□よって，メリットは重要ではありません。
□その他 _____

第7章 政治制度を考える

12 肯定側反論作成シート（⑥肯定側第一反駁で使用）

☆否定側からの立論に対する否定側の反論を作成しましょう。　　作成例

プランから発生するデメリット　｜　法律の質の低下　｜

```
○──────○──────○──────○──────○
プランなし  参議院でも   衆議院にない  問題のある法律  きちんとした
現状     法律を審議する 視点で審議が  が修正される   法律ができる
                される

○──────○──────○──────○──────○
プランあり  参議院での   衆議院の視点だ 問題のある法律が 法律の質が
プラン後   審議がなくなる けで審議される 修正されないまま 下がる
                        成立する
```

深刻性：国民の権利が不当に制約される

・・・

1. 引用
☑現状の説明で　□プラン後の説明で
□深刻性で　　　□その他：＿＿＿＿　｜参議院では衆議院にない視点で審議がされる｜と言いましたが，

2. 主張　｜　　　　　　それは間違っています。　　　　｜

3. 根拠　なぜならば，
｜参議院の議員も衆議院議員と同じくほとんどが政党に所属しており，その政党の党議拘束を受けて
いるため，党の意見と異なる意見を述べることはできないからです。｜

4. まとめ
☑よって，デメリットは論題と関係なく，現状でも発生する問題です。
□よって，デメリットは発生しません。
□よって，デメリットは深刻ではありません。
□その他｜　　　　　　　　　　　　　　　　　　　　　　　　　　　　　　　　｜

・・・

1. 引用
□現状の説明で　☑プラン後の説明で
□深刻性で　　　□その他：＿＿＿＿　｜参議院がなくなると衆議院の視点だけで審議される｜と言いましたが，

2. 主張　｜　　　　　　それは間違っています。　　　　｜

3. 根拠　なぜならば，
｜法律案は，国会に提出される前に各種団体の意見や官僚，与野党間の調整などを通じていろいろな
立場への配慮がされており，衆議院での議論だけで決まることはないからです。｜

4. まとめ
□よって，デメリットは論題と関係なく，現状でも発生する問題です。
☑よって，デメリットは発生しません。
□よって，デメリットは深刻ではありません。
□その他｜　　　　　　　　　　　　　　　　　　　　　　　　　　　　　　　　｜

第Ⅱ部　モデルで学び，実践してみよう

12 肯定側反論作成シート（⑥肯定側第一反駁で使用）

☆否定側からの立論に対する否定側の反論を作成しましょう。

プランから発生するデメリット _____

> やってみよう！
> 195頁の例を参考に，190頁に自分で書いたデメリットに反論しよう！

☆ここには，190頁に自分で書いたデメリットのシステムマップを書きましょう。

○──○──○──○──○
プランなし
現状

○──○──○──○──○
プランあり
プラン後

深刻性：

....

1. 引用
□現状の説明で　□プラン後の説明で
□深刻性で　　　□その他：_____，_____ と言いましたが，

2. 主張 _____

3. 根拠　なぜならば，
_____

4. まとめ
□よって，デメリットは論題と関係なく，現状でも発生する問題です。
□よって，デメリットは発生しません。
□よって，デメリットは深刻ではありません。
□その他 _____

....

1. 引用
□現状の説明で　□プラン後の説明で
□深刻性で　　　□その他：_____，_____ と言いましたが，

2. 主張 _____

3. 根拠　なぜならば，
_____

4. まとめ
□よって，デメリットは論題と関係なく，現状でも発生する問題です。
□よって，デメリットは発生しません。
□よって，デメリットは深刻ではありません。
□その他 _____

第7章 政治制度を考える

13 肯定側立て直し作成シート（⑥肯定側第一反駁で使用）

☆否定側に反論されたことを肯定側が立て直すためのシートです。立論の立て直しをしましょう。

プランから発生するメリット　| 必要な政策が実現する |

〔作成例〕

1. 引用
☑現状の説明　□プラン後の説明
□重要性　□その他：_____ ， | 参議院で否決されても衆議院で再可決することができる | に対して否定側第一反駁で と言いましたが，

2. 主張
| そう簡単に再可決することはできません。 |

3. 根拠　なぜならば，
| 衆議院で再可決するための3分の2の多数を取ることは非常に難しいからです。 |

4. まとめ
☑よって，（現状に問題があるので）プランを導入する必要があります。
□よって，メリットは発生します。
□よって，メリットは重要です。
□その他

〔やってみよう！
例を参考にメリットに対する反論を想定し，それに反論しよう！〕

1. 引用
□現状の説明　□プラン後の説明
□重要性　□その他：_____ ，に対して否定側第一反駁で _____ と言いましたが，

2. 主張

3. 根拠　なぜならば，

4. まとめ
□よって，（現状に問題があるので）プランを導入する必要があります。
□よって，メリットは発生します。
□よって，メリットは重要です。
□その他

1. 引用
□現状の説明　□プラン後の説明
□重要性　□その他：_____ ，に対して否定側第一反駁で _____ と言いましたが，

2. 主張

3. 根拠　なぜならば，

4. まとめ
□よって，（現状に問題があるので）プランを導入する必要があります。
□よって，メリットは発生します。
□よって，メリットは重要です。
□その他

197

第Ⅱ部　モデルで学び，実践してみよう

14 否定側立て直し作成シート（⑦否定側第二反駁で使用）

☆肯定側に反論されたことを否定側が立て直すためのシートです。立論の立て直しをしましょう。

プランから発生するデメリット　　 法律の質の低下

・・ 作成例 ・・

1. 引用
☑現状の説明　□プラン後の説明
□深刻性　　　□その他：＿＿＿＿　，に対して肯定側第一反駁で　参議院も党議拘束のため衆議院と違う視点で審議することはない　と言いましたが，

2. 主張
　　少なくともねじれ国会では参議院が独自の視点から審議できます。

3. 根拠　なぜならば，
　ねじれ国会の場合，参議院は衆議院と違って野党が多数を占めるため，野党側の視点で厳しく法律を審議することになるからです。

4. まとめ
□よって，デメリットは論題と関係があり，プランを導入しなければ発生しない問題です。
□よって，デメリットは発生します。
□よって，デメリットは深刻です。
☑その他　　ねじれ国会が起きた場合のデメリットが残ります。

やってみよう！
例を参考にデメリットに対する反論を想定し，それに反論しよう！

・・

1. 引用
□現状の説明　□プラン後の説明
□深刻性　　　□その他：＿＿＿＿　，に対して肯定側第一反駁で　　　　　　　　　　　と言いましたが，

2. 主張

3. 根拠　なぜならば，

4. まとめ
□よって，デメリットは論題と関係があり，プランを導入しなければ発生しない問題です。
□よって，デメリットは発生します。
□よって，デメリットは深刻です。
□その他

・・

1. 引用
□現状の説明　□プラン後の説明
□深刻性　　　□その他：＿＿＿＿　，に対して肯定側第一反駁で　　　　　　　　　　　と言いましたが，

2. 主張

3. 根拠　なぜならば，

4. まとめ
□よって，デメリットは論題と関係があり，プランを導入しなければ発生しない問題です。
□よって，デメリットは発生します。
□よって，デメリットは深刻です。
□その他

第 7 章 政治制度を考える

15 否定側まとめ作成シート（⑦否定側第二反駁で使用）

●これまでの議論をまとめて否定側の勝利を主張するためのシートです。

☆1．メリットの評価：試合の議論を整理し，メリットが小さいことを説明しましょう。 　作成例
肯定側は立論で，「必要な政策が実現する」というメリット　が発生すると言いました。

> プランで新たに必要な政策が実現するようになるということはありません。
> 現状でも本当に必要で国民にも支持されている法律であれば衆議院で3分の2の再可決をして成立させることは可能であり，現状に問題はありません。
> それができずに参議院で否決されてしまうということは，国民にとって必要とされていない法律なので，そのような法律が成立するようになるとしても，国民にとって必要な政策につながることにはなりません。

よって，メリットは，立論通りの大きさではありません。

☆2．デメリットの評価：試合の議論を整理し，デメリットが残っていて，それが深刻な問題であることを説明しましょう。
一方，我々は，否定側立論で，「法律の質の低下」というデメリット　が発生すると言いました。

> 確かに，参議院の審議が衆議院と共通するところはあるかもしれませんし，国会での審議以外で意見を取り入れる機会もあるかもしれません。
> しかし，野党の立場から与党の政策や法律を厳しい目でチェックし，多数派である与党の暴走を防ぐことは重要です。特に，選挙で与党への批判が高まった結果，ねじれ国会が生じた場面では，多数派が異なる二院で審議することに大きな意味があります。

よって，デメリットは発生し，それは深刻な問題です。

☆3．メリットとデメリットの比較：上の1と2をふまえて，なぜメリットよりデメリットが大きいかを説明しましょう。
以上をふまえると，デメリットがメリットを上回っています。なぜならば，

> 国会の役割は，与党の思い通り法律を通すことではなく，国民のために良い法律を作ることだからです。
> メリットは，国民が必要な法律ではなく，与党が必要だと思っている法律が早く成立するということでしかありません。デメリットで説明したとおり，反対も含めて，少数派への配慮や問題点の修正のために審議をするべきであって，それを省いて拙速に法律を作るのでは本末転倒です。

以上より，プランを導入すべきではありません。

第Ⅱ部　モデルで学び，実践してみよう

15 否定側まとめ作成シート（⑦否定側第二反駁で使用）

●これまでの議論をまとめて否定側の勝利を主張するためのシートです。

☆1. メリットの評価：試合の議論を整理し，メリットが小さいことを説明しましょう。

肯定側は立論で，[　　　　　　　　　　　　　　]が発生すると言いました。

> やってみよう！
> 199頁の例を参考に，
> まとめを書いてみよう！

よって，メリットは，立論通りの大きさではありません。

☆2. デメリットの評価：試合の議論を整理し，デメリットが残っていて，それが深刻な問題であることを説明しましょう。

一方，我々は，否定側立論で，[　　　　　　　　　　　　　]が発生すると言いました。

よって，デメリットは発生し，それは深刻な問題です。

☆3. メリットとデメリットの比較：上の1と2をふまえて，なぜメリットよりデメリットが大きいかを説明しましょう。

以上をふまえると，デメリットがメリットを上回っています。なぜならば，

以上より，プランを導入すべきではありません。

第7章　政治制度を考える

16 肯定側まとめ作成シート（⑧肯定側第二反駁で使用）　作成例

●これまでの議論をまとめて側の勝利を主張するためのシートです。

☆1．デメリットの評価：試合の議論を整理し，デメリットが小さいことを説明しましょう。
否定側は立論で，「法律の質の低下」というデメリット が発生すると言いました。

> しかし，参議院も衆議院と同じく政党に所属する議員で構成されているので，個人の多様な意見に基づいて審議するということはありません。ねじれ国会の時は野党の視点が取り入れられるという主張も，野党の反対は得点稼ぎのためにされるもので，意義のある反対とは言えません。
> また，多様な意見を反映できる機会は国会での審議だけでなく，法案提出前の意見調整の過程があります。このような調整があるのに，同じような議院で2回審議する必要はなく，これを省いたところで法律の質は低下しません。

よって，デメリットは，立論通りの大きさではありません。

☆2．メリットの評価：試合の議論を整理し，メリットが残っていて，それが重要な問題であることを説明しましょう。
一方，我々は，肯定側立論で，「必要な政策が実現する」というメリット が発生すると言いました。

> 確かに，与党が圧倒的多数を占めていて再可決できる場合には，法律を通すことができますが，そのようなことはほとんどなく，その結果必要な法律が通らなかったり，成立時期が遅れる事態が生じています。
> 長期的視点が大事だといっても，時間を掛ければよいというものではないし，参議院で審議すれば長期的視点で政策を議論できるのかもよく分かりません。移り行く時代の流れに対応するには，その時の課題に迅速に対応することが大事であり，同じ結果であれば，早く決めるほうがよいことは明らかです。

よって，メリットは発生し，それは重要な問題です。

☆3．メリットとデメリットの比較：上の1と2をふまえて，なぜデメリットよりメリットが大きいかを説明しましょう。
以上をふまえると，メリットがデメリットを上回っています。なぜならば，

> 参議院が法律の質にどの程度貢献しているのかも疑わしいうえ，仮に質に少々違いがあるとしても，実現しなければ何の意味もないからです。立法のスピードが上がれば，法律を作ってみて，問題があれば速やかに見直して修正することも考えられますから，その意味でも早く決めるメリットがデメリットを上回ります。
> 世界情勢がめまぐるしく変化し，様々な課題が生じている中，悠長に審議をする余裕はありません。必要な政策をどんどん実施していかなければ取り返しがつかない事態が生じてしまいます。

以上より，プランを導入すべきです。

第Ⅱ部　モデルで学び，実践してみよう

16 肯定側まとめ作成シート（⑧肯定側第二反駁で使用）

●これまでの議論をまとめて側の勝利を主張するためのシートです。

☆1. デメリットの評価：試合の議論を整理し，デメリットが小さいことを説明しましょう。

否定側は立論で，_____が発生すると言いました。

> やってみよう！
> 201頁の例を参考に，
> まとめを書いてみよう！

よって，デメリットは，立論通りの大きさではありません。

☆2. メリットの評価：試合の議論を整理し，メリットが残っていて，それが重要な問題であることを説明しましょう。

一方，我々は，肯定側立論で，_____が発生すると言いました。

よって，メリットは発生し，それは重要な問題です。

☆3. メリットとデメリットの比較：上の1と2をふまえて，なぜデメリットよりメリットが大きいかを説明しましょう。

以上をふまえると，メリットがデメリットを上回っています。

以上より，プランを導入すべきです。

第 7 章　政治制度を考える

> **学習課題**
> 　政治制度について議論する以下の論題のうち，興味のあるものについて，付録のワークシートを用いてディベートしてみましょう。
> ①日本は首相公選制（首相を選挙で直接選ぶ制度）を導入すべきである。是か非か。
> ②日本は選挙の棄権に罰則を設けるべきである。是か非か。
> ③日本は国民投票制度（国民による一定の要件を満たした直接請求により，提案された法律の制定，廃止を求めることができる制度）を導入すべきである。是か非か。
> ④日本は国会議員を成人国民からの無作為抽出（くじ引き）によって選出する制度（ロトクラシー）を導入すべきである。是か非か。
> ⑤日本は国会議員の一定数以上を女性とするクオータ制を導入すべきである。是か非か。

学びを深めるための文献紹介

石川裕一郎・石埼学他（2018）『国会を，取り戻そう！　議会制民主主義の明日のために』現代人文社。
衛藤征士郎（2012）『一院制国会が日本を再生する』悠雲舎。
大山礼子（2011）『日本の国会』岩波新書。
加藤秀治郎（2013）『日本の統治システムと選挙制度の改革』一藝社。
竹中治堅（2010）『参議院とは何か　1947〜2010』中公叢書。
待鳥聡史（2015）『代議制民主主義』中公新書。

〈応援メッセージ〉
実験室としてのディベート

　私たちは「リスク」と「責任」に日々向き合いながら生きています。たとえば「美容室を変えてみた結果，髪型がダサくなってしまった（リスク）。でも，自分で決めたことだし仕方がないか（責任）」といった具合です。
　ディベートの面白さのひとつは，規模の大きい意思決定の「実験室」となっていることです。議論のなかで政策のシミュレーションをすることは，さまざまな主体が負うことになるリスクを想像力やロジックによって分析する練習になります。
　さらに，本文中で触れられた「一院制」のような論題では，「誰が責任を負うのか」といったメタな視点も求められます。

私は一院制論題で「零院制＝国会を廃止する」というカウンタープラン[1]を用いて議論をしたことがあります。一見突拍子もないラディカルなアイデアですが、ディベートがリスクや責任についてゼロベースで考え意思決定を実験する場だったからこそ成立しました。

　実験室での議論は現実化しません。しかしその経験は，日常や仕事から選挙での投票まで何度も繰り返す，未来の意思決定のための基礎力になります。

　ぜひ楽しみながらディベートに取り組んでみてください！

注
1）肯定側のプランに対して，ただ論題を否定するだけでなく，論題を否定する前提で対案（カウンタープラン）を提示する議論があります。例えば，「夏休みに海外旅行に行くかどうか」を考える上で「海外旅行ではなく国内旅行に行く」という提案をすることがこれに当たります。本書ではカウンタープランを用いた議論の方法は取り扱いませんが，カウンタープランを用いることができるルールのディベート大会もありますし，社会でも役立つ考え方ですので，機会があれば学んでみてください。

（ディベート甲子園 OB，現在，一般社団法人 AI ガバナンス協会理事
佐久間弘明）

第Ⅲ部

ディベートに活用してみよう

　第Ⅱ部までで，ディベートの組立については分かってきたかと思います。さらにディベートの議論を肉付けしていくためには，証拠資料をたくさん探す必要があります。本や論文を読み漁らなければなりませんが，まずは身近な新聞記事を探して，資料とし，議論を検討しましょう。また，身近なディベートの例としては，裁判所や議会があります。裁判所や議会に傍聴に行くなどして，ディベートのライブ感を身につけましょう。それらは，ディベートの基礎力アップにもつながります。

第Ⅲ部　ディベートに活用してみよう

第8章

論題の理解を深めよう
——新聞記事を活用し，身近な課題を考えよう

　　論題について，まず，色々な角度から「調べて」「考えて」「意見を書き出す」ことで「リンクマップ」に，つなげていくことができます。
　　論題理解を深めてから準備に入ることで，立論，反駁の準備も円滑に進みます。
　　本章では，新聞記事を活用し「新聞記事活用シート」を作成して，論題の理解を深め，ディベートの準備を進める演習を紹介します。
　　本書で取り上げた，いろいろな論題についての「新聞活用ワークシート」を用意しましたので，実際に活用してみましょう。

1　記事を探す

　まずは，新聞・雑誌などから論題に関連する記事を探すところからスタートです。新聞のストックや図書館で記事を見つけましょう。
　大学の図書館を手始めに，地域の図書館や資料室などで資料を探してみましょう。大学内のコンピューターなどを活用することでも，多くの発見や学びが得られることでしょう。
　このとき，新聞名，朝刊・夕刊，発行年月日，掲載面（地域版・社会面など），記事のタイトルなど必ず記録しておきましょう。後日，新聞社のデータベースなどで同じ記事を検索できます。
　雑誌の場合も同様です。雑誌名，出版社，巻号，発行年月日，記事のタイトル，執筆者の肩書，氏名，掲載ページなどを必ず記録しておきましょう。
　最近はインターネットで記事を検索することも簡単に出来るようになりました。インターネット上の情報の場合，サイトの URL と最終更新年月日も記録しておきましょう。

インターネットで記事検索をするときのコツとして,「キーワード検索」がお勧めです。インターネットの検索サイトで,カテゴリーとして「記事」を選択します。そして,例えば,第3章の論題であれば,「高齢者運転免許返納」「高齢者運転免許返納事故」などといったキーワードで検索してみましょう。

図書館の検索用端末で,新聞社のサイトにアクセスして,直接,記事検索をするとより探しやすいでしょう。

図書や雑誌記事を探すのであれば,「国立国会図書館サーチ」https://ndlsearch.ndl.go.jp の雑誌・記事索引を活用すると便利です。

論文記事を探すのであれば,「CiNii Research」https://cir.nii.ac.jp の論文検索でフリーワード検索をするとよいでしょう。

記事を検索して見つけることもよい学びとなります。

2 論題の理解を深める

(1)「新聞記事活用シート」の記入をしてみよう

では,具体的に巻末の「[18]新聞記事活用シート」を用いた例 8‒1 〜 8‒7 に記入してみましょう。

記入に当たって最も気を付けるところは,プランの導入でもたらされるメリットとデメリットを比較できるように,賛成意見と反対意見,新規導入するプラン後の世界と現状維持といった対立する意見や考えをいろいろ調べ,端的にまとめて記入することです。

同じ政策でも,立場が異なると見方や考えが異なることもあるでしょう。自分の視点ではなく,いろいろな立場に立って考察してみることも大切です。

既にプランを導入している他国や地域などの実践例を調べることで得られるデータや意見なども参考にしましょう。

第Ⅲ部　ディベートに活用してみよう

例8-1　新聞記事活用シート──論題の賛否を問う

⑱新聞記事活用シート

やってみよう！　賛成・反対意見を記入しよう！

「コンビニの「深夜営業」」に賛成？反対？

☆反対意見を書きましょう

東京新聞　朝刊　2023年11月22日

☆いろいろな立場に立って考えてみましょう。

深夜営業禁止のデメリット

深夜営業禁止のメリット

☆賛成意見を書きましょう

208

第 8 章　論題の理解を深めよう

例 8-2　新聞記事活用シート──論点を絞って賛否を問う

⑱新聞記事活用シート　やってみよう！　主要な論点から一つを選んで考察してみよう！

「コンビニの「深夜営業」」に賛成？反対？　☆反対意見を書きましょう

☆いろいろな立場に立って考えてみましょう。

中日新聞　朝刊　2019年3月9日

ぼくら 論題

コンビニ24時間営業

観光地では需要がある

防犯や不審者対策にも

外国人材活用で解消を

☆賛成意見を書きましょう

第Ⅲ部　ディベートに活用してみよう

例8-3　新聞記事活用シート——いろいろな立場から論題を考える

18 新聞記事活用シート

やってみよう！　賛成・反対意見を記入しよう！

「積極的安楽死の法律化」に賛成？反対？

積極的安楽死に反対します！

- 患者 のデメリット
- 患者の家族 のデメリット
- 医師・看護師 のデメリット
- その他のデメリット

☆いろいろな立場に立って考えてみましょう。

東京新聞　朝刊　2019年10月28日

【安楽死広がる欧州】
心にやすらぎ。自分の命の決定権を手に
ベルギー・パラ選手の決断
日本は根強い慎重論

☆日本国内の「安楽死」に関連する記事を探しましょう。

＿＿＿＿新聞　＿＿年＿＿月＿＿日

積極的安楽死に賛成します！

- 患者 のメリット
- 患者の家族 のメリット
- 医師・看護師 のメリット
- その他のメリット

210

第8章　論題の理解を深めよう

例8-4　新聞記事活用シート——いろいろな立場で考える

⑱新聞記事活用シート　やってみよう！　賛成・反対意見を記入しよう！

「救急車の有料化」に賛成？反対？

☆いろいろな立場に立って考えてみましょう。

中日新聞　朝刊　2024年5月21日

119番逼迫　松阪市で来月導入
救急車　一部患者　7700円

市長「助かる命が助からない」
市民「年金暮らし負担大きい」
重症・軽症分ける適切な制度必要

反対します！

　　のデメリット

　　のデメリット

　　のデメリット

その他のデメリット

賛成します！

　　のメリット

　　のメリット

　　のメリット

その他のメリット

211

第Ⅲ部　ディベートに活用してみよう

例8-5　新聞記事活用シート――いろいろな論点について考える

18 新聞記事活用シート

やってみよう！　賛成・反対意見を記入しよう！
参議院廃止に反対です！二院制を続けましょう！

「一院制」に賛成？反対？

☆いろいろな立場に立って考えてみましょう。

中日新聞　朝刊　2016年10月5日

いま読む日本国憲法　第42条
一院制で権力を分散

【賛成側】
- 参議院を廃止して一院制にしましょう！
- ねじれ国会解消
- カーボンコピー無用
- 迅速な立法
- その他のメリット

【反対側】
- 内閣・与党の歯止めがなくなる
- 良識の府は必要
- 慎重審議
- その他のデメリット

212

第 8 章　論題の理解を深めよう

例 8-6　新聞記事活用シート——具体的なプランについて考える

18 新聞記事活用シート　やってみよう！

「参議院廃止」に賛成？反対？

☆いろいろな立場に立って考えてみましょう。

東京新聞　朝刊　2015年7月31日

☆参議院を廃止して一院制にしましょう！

☆参議院廃止に反対です！二院制を続けましょう！

賛成・反対意見を記入しよう！

第Ⅲ部　ディベートに活用してみよう

例8-7　新聞記事活用シート──身近なテーマについて考える

⑱新聞記事活用シート

やってみよう！　賛成・反対意見を記入しよう！

「動物園廃止　」に賛成？反対？　廃止に反対します！

☆いろいろな立場に立って考えてみましょう。

中日新聞　夕刊　2023年10月17日

東京新聞　朝刊　2020年6月12日

ゾウさん、会いたかった！

廃止に賛成します！

214

（2）「新聞記事活用シート」を作成しよう

　付録の「18新聞記事活用シート」を活用して，新たにワークシートを作成してみましょう。

　難し過ぎず，かつ，議論しやすく，取り組んでみたいテーマを見つけることが大切になります。新聞や雑誌記事から議論したい身近な論題を見つけることが出来れば，手軽に議論が組み立てられることでしょう。

　論題は肯定と否定のバランスが取れていれば気軽なもので構いません。

　新聞記事を検索して，例えば「社内猫」「ヤギ除草」「ラーケーション」などちょっと楽しい制度や，「ソーダ税」「脂肪税」など海外の面白そうな税制など，論題になりそうな記事をピックアップしてみましょう。

3　「新聞記事活用シート」を共有する

　作成した「新聞記事活用シート」の内容を発表し合うことで，さらに論題への理解が深まります。そして，ワークシートの作成を試合の準備につなげることができるでしょう。

　相手の立論をしっかり聞いて，互いにメモして，質疑して，反駁する，この繰り返しで，「傾聴力」「コミュニケーション力」「要約力」「メモ力」などが身につき磨かれます。新聞，雑誌，インターネットなどを活用してディベートを楽しんでください。

　「新聞記事活用シート」はそのための便利なツールです。ぜひ活用してみてください。

学習課題

　「新聞記事活用シート」への記入が終わったら，準備時間は15分程度で，即興でディベートをしてみましょう。試合のフォーマットは，立論（800字），質疑，第一反駁，第二反駁，準備時間を各2分と短く設定するとよいでしょう。

引用・参考文献

「CiNii Research」https://cir.nii.ac.jp（2025年1月26日閲覧）。
「全国教室ディベート連盟」https://nade.jp/（2025年1月26日閲覧）。
「国立国会図書館サーチ」https://ndlsearch.ndl.go.jp（2025年1月26日閲覧）。
「中日新聞 web」https://www.chunichi.co.jp/（2025年1月26日閲覧）。
「中日新聞」朝刊2016年10月5日「いま読む日本国憲法28」。
「中日新聞」朝刊2019年3月9日「ぼくら目線　コンビニ24時間営業」。
「中日新聞」朝刊2024年5月21日「119番逼迫　松阪市で来月導入　救急車一部患者7700円」。
「中日新聞」夕刊2023年10月17日（共同通信配信）「チンパンジー1匹逃げ閉園　天王寺動物園」。
「東京新聞」朝刊2015年7月31日「薄らぐ独自性　あるべき姿の議論を」。
「東京新聞」朝刊2019年10月28日（共同通信配信）「安楽死広がる欧州」。
「東京新聞」朝刊2020年6月12日「横浜市立3動物園再開　検温やガラス接触防止など対策」。
「東京新聞」朝刊2023年11月22日「考える広場　コンビニは何を変えたか？」。
「東京新聞デジタル」https://www.tokyo-np.co.jp/（2025年1月26日閲覧）。

〈応援メッセージ〉

ディベートの奥深さを知ろう

　私は高校時代にディベートに取り組んでいました。どのように立論を組み立てたらいいか，反駁したらいいか，自分なりに研究していくうちに，不思議と数学の成績が向上していました。ディベートに向き合うことで，論理的思考が養えたのではないかと思います。また，新たな論題に関する新聞記事や本を読み，それまで知らなかった世界が開けていくのも楽しい経験でした。「はい論破」とは異なる，ディベートの奥深さをぜひ知ってください。

新聞記事を活用するにあたって

　新聞記事は「逆三角形型」の構成だと言われています。冒頭に結論や重要な点が書いてあり，後に細かい内容や解説，見通しなどが続きます。まず見出しと最初の段落を読んで，要旨を捉えましょう。引用にあたっては，その箇所が「事実」なのか「意見」なのかを意識しましょう。記事中に国や自治体のデータが入っている場合，基になった資料も見ておくと，参考になるかもしれません。同じニュースであっても，新聞によって取り上げ方や主張が異なる場合もあります。読み比べをして，より立論に沿ったものを引用するとよいでしょう。

（ディベート甲子園 OG，現在，中日新聞社勤務　小端あゆ美）

第9章

ディベートを聴きに行こう
——裁判・議会傍聴をしてみよう

　　　　　　ディベートを初めて見たとき，なんとなく裁判みたいだなぁと感じたことはありませんか。原告と被告に分かれて争う裁判は，まさにディベートに似ている部分があります。証拠に基づいて議論を構築する点や勝敗がはっきりする点などです。また，議会では，委員会などの質疑の様子はまるでディベートの質疑のように見えます。しかし，実際に裁判の当事者になることはもちろん，議会傍聴に行ったことのある人なんて，ほとんどいないのではないでしょうか。

　　　　　　本章では，ディベートのスキルアップに有効である裁判や議会の傍聴を，手軽に楽しみながら実践する方法について説明します。

1　裁判傍聴の楽しみ方

(1) 裁判を傍聴するには

　裁判所には家庭裁判所，簡易裁判所，地方裁判所，高等裁判所，最高裁判所の五つの種類があって，それぞれ扱う中身が異なります。裁判は公開されていますから，誰でも裁判所に出かけて傍聴することができます。もちろん，最高裁判所も傍聴できます。

　日本の裁判制度は三審制をとっています。裁判を慎重に行い国民の人権を守るための制度です。控訴審（一審の判決を不服として控訴した裁判）や上告審（二審の判決を不服として上告した裁判）を審理する上級裁判所の場合などは，訴訟手続きや法律の解釈についての書面審査が多く，尋問の場面などは少なくなってしまいます。ですから，傍聴に行っても何をやっているか分からないまま終わってしまう可能性があります。従って，初めて傍聴する裁判は，ほとんどの裁判の一審を担当する地方裁判所がお勧めです。ちなみに，家庭裁判所は家庭内の問題や少年事件の審判を行う関係上，非公開の場合もあります。簡易裁判

第Ⅲ部　ディベートに活用してみよう

所は訴訟の目的の価額が140万円以下の民事裁判と罰金刑以下または懲役3年以下の刑事裁判を扱います。これ以外の民事裁判と刑事裁判の一審を担当するのが地方裁判所ですから，傍聴には適しているでしょう。

　最高裁判所へは，見学申し込みをすると，係の人がついて説明をしてもらえたり，最高裁判所内を案内してもらえたりします。それ以外の裁判所でも，見学ツアーなどを企画している場合もありますので，詳しくは，各ホームページで確認するか，裁判所に直接問い合わせてみてください。初めての裁判所は見学ツアーがお勧めかもしれません。

（2）いつ行けばよいか

　裁判の傍聴には，予約も複雑な手続きも必要ありません。平日の日中（原則午前10時ごろから午後4時ごろの間）に裁判所に出向けば，自由に傍聴できます。午前中なら開廷時間の10時に間に合うように，午後なら1時に間に合うように出かけるのがよいでしょう。

　裁判所に着いたら，法廷の近くに開廷表という開廷予定を綴ったものが掲示してあります。開廷表には，裁判の始まる時間・事件番号・事件名・法廷の番号などが書かれていますので，興味のある裁判をこれで選びましょう。裁判所によっては開廷表綴りが受付に置いてあるところもありますから，受付などで確認するようにしましょう。

　こうして，自分の興味のある裁判を行っている法廷へ出向き，法廷入り口から法廷へ入れば傍聴することができます。ただ，社会的に関心の高い裁判だと，傍聴希望者が多いため傍聴券を発行する場合があります。そうした裁判の場合には開廷時間よりも早く出かけて傍聴券を入手する必要があります。有名人の裁判であったり，社会的影響の大きい裁判だと，傍聴券を入手するために行列ができたり，抽選になったりすることもあります。

（3）服装や持ち物はどうしたらよいか

　服装について，細かな規定はありません。しかし，あくまでも司法機関ですから，ラフすぎる服装はいただけません。常識的な服装で出かけましょう。

第9章　ディベートを聴きに行こう

　また，持ち物の規定というよりも，ディベートと同じで，話の流れをつかむためにはメモをする必要があります。今時だとタブレットやパソコンで入力してもかまいませんが，録音や録画，写真撮影は禁止されています。実際の裁判の法廷のシーンはテレビのニュースなどでも絵で紹介されるのはそのためです。裁判所の敷地内でも写真撮影や録音，録画はできませんので注意してください。また，あたりまえのことですが危険物は持ち込めません。裁判所によっては，金属探知機で検査をするところもあるようです。

（4）いよいよ傍聴です
　法廷に入る前に，注意書きがあります。法廷内では静粛にすることや，裁判長の命令及び裁判長の命を受けた裁判所職員の指示に従うことなどが書かれています。
　基本的に，いつでも出入りできますが，審理の妨げにならないよう，静かに出入りしましょう。せっかく傍聴するのですから，開廷のシーンから見ることをお勧めします。裁判官が入廷する際には，起立を求められます。そして，おもむろに裁判官席へ入廷してくる様子は，ドラマなどのシーンを生で見ている感覚を味わうことができるでしょう。裁判の流れですが，ディベートと同じように，裁判の進行は決まっています。刑事裁判の場合は表9-1のような流れになります。
　刑事裁判の場合，公開の法廷で行われる審理・判決の手続きを公判手続きといいますが，必要と認められる場合には，公判期日の前に，公判前整理手続きが行われます。これは，検察官と弁護人の主張から争点を絞り込み，裁判官，検察官，弁護人の三者で，争点の立証をするために必要な証拠はどのようなもので，どのように調べたらよいかなどを検討します。そして，公判の日程や証拠調べに必要な時間，証人尋問の時期など判決までのスケジュールを立てます。公判前整理手続きを行うことで，短期間に集中した審理を行うことができるようになります。なお，裁判員裁判では必ず公判前整理手続きが行われます。そして，非公開です。
　民事裁判の場合は，原告，被告，裁判官の三者で協議します。原則として表

219

第Ⅲ部　ディベートに活用してみよう

表9-1　刑事裁判の流れ

①人定質問 　裁判官が被告人に氏名などを質問し，被告人が検察官により起訴された者に間違いないかどうかを確かめます。 ②検察官の起訴状朗読 　検察官が起訴状を朗読し，審判の対象を明らかにします。なお，起訴状の内容に不明確な点や疑問点がある場合，裁判所から検察官に対し釈明を求めたり，被告人や弁護人が裁判長に対して釈明のための発問を求めたりすることがあります。 ③黙秘権の告知 　裁判官が被告人に対し，黙秘権などの権利を説明します。 ④被告人・弁護人の被告事件についての陳述 　被告人と弁護人から起訴状に対する言い分を聞き，事件の争点を明らかにします。 ⑤冒頭陳述 　まず，検察官が，証拠によって証明しようとする事実を述べます。 　これに続いて，弁護人が冒頭陳述をすることもあります（裁判員裁判では被告人，弁護人も必ず冒頭陳述をすることになります）。 ⑥証拠調べの請求（請求⇒証拠意見の聴取⇒採否決定） ⑦証拠調べ 　⑥⇒⑦の順番で，検察官が行った後，弁護人が行うという順番で進められます。 　検察官は犯罪事実及び被害感情など情状に関する立証を行います。これに対して，弁護人は犯罪事実がないことや犯罪がやむを得ないことであったという情状に関する立証を行います。 ⑧黙秘権について 　被告人には黙秘権がありますが，黙秘していても質問はされます。質問に答えなくても不利益に扱われないということが黙秘権であるということです。当然のことながら弁護人からの質問には答えます。 ⑨検察官の論告・求刑 　検察官が事実関係や法律的問題などの意見を述べ（論告），被告人に科すべき刑について意見を述べます（求刑）。 ⑩弁護人の弁論 　弁護人が事実関係や法律的問題などの意見を述べます。 ⑪被告人の最終意見陳述 　最後に，被告人が意見を述べることができます。 ⑫弁論終結 　⑪までが終わると，法廷での審理が終わります（弁論終結，結審）。 ⑬判決の宣告 　裁判所が，被告人に対し，判決の言い渡しをします。証拠を検討した結果，被告人が罪を犯したことに間違いがないと考えられる場合には有罪判決が言い渡されますが，被告人が罪を犯したことに確信を持てない場合には無罪判決が言い渡されます。

出所：筆者作成。

　9-2のような流れになりますが，主張のやり取りや証拠の提出がされた後，証人や当事者の尋問がされ，それを踏まえて判断がされることになります。

第 9 章　ディベートを聴きに行こう

表 9-2　民事裁判の流れ

①訴状の提出
　原告は，訴訟を提起するに際し，請求したい内容（請求の趣旨）とその根拠（請求の原因）を書いた訴状を裁判所へ提出します。これを受けて，裁判官が訴状を審査し，不備がなければ，口頭弁論期日を指定した上，被告に対して訴状の送付や期日への呼び出しを行います。
②答弁書の提出
　被告は，訴状を受け取った後，その内容を検討し，請求の趣旨に対する被告の立場（答弁）や，被告の主張を書いた答弁書を裁判所に提出します。
③争点・証拠の整理
　裁判期日において，訴状，答弁書やこれらに対する双方の主張を記載した準備書面のやり取りがされ，その中で事件の争点が整理され，それに対する双方当事者の主張が深められていきます。
④和解について
　民事裁判では，いずれの段階でも，原告と被告の双方が納得すれば，和解という解決方法がとられます。その場合，和解が成立した時点で裁判は終結となります。
⑤集中証拠調べ
　証人尋問，当事者尋問等の証拠調べの手続きを行います。
⑥弁論終結
　双方から判決を下すのに十分な主張立証がされたと裁判所が判断したときは，弁論を終結します。
⑦判決言い渡し
　法廷において，判決書の原本に基づいて判決が言い渡されます。

出所：筆者作成。

　ただし，民事裁判の場合は事前に裁判所と原告，被告の間で書面のやり取りなどがあり，そうした内容を理解していないと法廷でのやり取りを見ても分からない部分も多いです。

（5）裁判とディベート

　裁判では，裁判官や裁判員を納得させるために検察官や弁護人が証拠をそろえ，証人に尋問していきます。また，証拠の信ぴょう性についても審理していきます。まさにディベートでジャッジを説得するために主張に証拠資料を添えて根拠に基づく議論を行っていくことと共通する部分です。もちろん，証拠の提示の仕方や審理の進め方はディベートの進行より自由度が高く，裁判官の許可が出れば，様々な形の証拠が採用されます。しかし，それらは主張を裏付けるための根拠であり，ディベートと同じです。つまり，検察官や弁護人の証拠の提示の仕方や尋問の方法など，学ぶところはたくさんあります。したがって，

裁判を傍聴することはディベートを学んでいくうえで必ず役に立つでしょう。

2 議会傍聴の仕方

(1) 議会を傍聴するには

議会の傍聴もディベートのトレーニングには有効です。一口に議会といっても，市町村議会から都道府県議会，さらに国会の衆議院と参議院にいたるまで，様々な種類があります。しかし，いずれも公開の原則によって公開されていますので，裁判と同様にいつでも傍聴することができます。ただし，地域によっては傍聴券が必要な場合がありますので，傍聴したい議会にお問い合わせください。

(2) 国会の場合

日本の国会の場合は二院制をとっており，衆議院と参議院があります。どちらも本会議を傍聴するには，一般傍聴券又は議員紹介券が必要です。一般傍聴券については，本会議の当日，面会受付所において先着順に交付されます。議員紹介券については，議員の紹介を受けて，同議員を通じて傍聴券の交付を受けて傍聴に出かけます。ちなみに，議員の紹介を受けることは難しくありません。議員の事務所に電話を入れれば二つ返事で手続きを取ってくれます。

国会では，毎年百本以上の法案が審議される関係上，本会議で細かな点まで審議することは時間的に不可能ですから，事前に委員会で法案の審議をします。具体的に言うと，例えば予算については衆議院の予算委員会で審議のうえ公聴会を経て，衆議院本会議にて採決されます。この後，参議院に送られて参議院の予算委員会で審議のうえ公聴会を経て，参議院本会議で採決され，晴れて成立となります。この委員会についても，議員の紹介を受けて委員会の許可があれば傍聴することができます。

(3) 地方議会の場合

地方議会の場合は，議員の紹介などは特に必要がない場合がほとんどです。

議会の開会前に傍聴受付で傍聴券交付申請手続きを行い傍聴券をもらってください。交付された傍聴券を持って傍聴席に行けば完了です。

　ちなみに地方議会でも委員会で事前に審議してから本会議で審議するという手順を踏みます。そして，国会同様に委員会についても傍聴は可能です。こちらも本会議の傍聴手続きと同じだと思っていただければ大丈夫です。地方によっては，手続きが簡素なところもあるようです。

（4）注意すること

　議会傍聴の際に注意することは，裁判の傍聴とほとんど同じだと思ってください。持ち物も服装も裁判所に準ずると思っていただければよいでしょう。議会の傍聴席は，ほとんどの場合，議場を上から見渡せる場所にあり，議員の方たちの様子が手に取るように分かります。住民の代表である議員のみなさんの活動の様子をしっかりと見守ってください。

（5）議会とディベート

　議会では，国会であれば政府（内閣）が予算案や法律案など重要議案を提出するほか，議員立法で議員が議案を提出する場合があります。地方議会であれば，理事者（首長など自治体の重職を担う人）が予算案や政令案など重要議案を提出するほか，議員が条例案を提出する場合があります。いずれも，委員会審議を経て本会議へ提案されます。本会議では，議案の内容について提案者と議会の間で議論が行われます。その議論を通じて議案の採否を決めていくわけですから，この議論が，まさにディベートと共通する部分になります。議会傍聴の際には，ぜひ，この議論についてしっかりと聞いてほしいと思います。議題の提案者は，提案の正当性を主張していきます。議員の質問は，問題点や矛盾点について正し，正当性を否定したり，あるいは修正の必要性を説明したりしていきます。こうした議論が深まれば深まるほど議会制民主主義が成熟していき，より良い社会となっていきます。ぜひとも議会を傍聴して，政治に関心をもってもらえたらと思います。

第Ⅲ部　ディベートに活用してみよう

> 演習問題
> 1　せっかく傍聴デビューしたのですから，傍聴した裁判で適用された法律がどんな法律かを六法等で調べてみましょう。
>   　刑事裁判であれば，起訴状の罪名及び罰条を読み上げますので，それを調べてみてください。また，判決の際にも罰条が読み上げられます。裁判の記録は閲覧可能ですが，審理中の記録は閲覧できません。どんな裁判でどんな法律が適用されたかを調べたいときには過去の裁判の記録（判例）にあたるとよいでしょう。
>   　民事裁判の場合は，傍聴していてもよく分からないかもしれません。こちらは，過去の裁判記録からどんな場合にどんな法律が適用されているか調べてみるとよいでしょう。
>
> 2　せっかく議会の傍聴に出かけるならば，定例会の初日がお勧めです。セレモニーがあったり，いろいろな催しがあったりと，違った見どころがあります。また，国会であれば，開会式は参議院で行われますのでお勧めです。そこで，議事進行の様子を観察してみましょう。

引用・参考文献

「裁判所・見学・傍聴案内」https://www.courts.go.jp/courthouse/kengaku/index.html（2024年1月5日閲覧）。

「衆議院　傍聴案内」https://www.shugiin.go.jp/internet/itdb_annai.nsf/html/statics/tetuzuki/bouchou.htm（2024年1月5日閲覧）。

「参議院　傍聴案内」https://www.sangiin.go.jp/japanese/taiken/bochou/kengaku.html（2024年1月5日閲覧）。

〈応援メッセージ〉
司法とディベート

　みなさんがよくテレビドラマで見るのは尋問手続きの場面でしょう。真ん中に証人が立ち，左右から検察官や弁護士が質問を投げかけるという姿は見たことがあると思います。尋問手続きでは，自分たちの主張・立証に必要な事実をどのようにして裁判官に伝えるのか，どのように質問すれば分かりやすい回答が引き出せるのか，入念な準備をして臨んでいます。しかし，証人からは，時に，想定していない回答も出てきます。その時に必要な指摘をすぐにできるか，現在までに提出している証

拠と矛盾していることを言っていないか，常に話を聴いて考えることが求められます。

　ディベートでも裁判でも，自分たちの言いたいことを言うだけでは説得はできません。事前にしっかりと準備をし，その場でも相手の主張，根拠をしっかり聴く，その上で自分たちの立場で考えて回答をするということは，ディベートをやっていたからこそ学べたものだと思います。

（ディベート甲子園ＯＢ，現在，弁護士　藤原圭祥）

終　章

ディベートで考える社会問題

　　社会問題を考察することは社会問題の解決に向けた意見を形成し，自らの行動指針の基礎ともなりうる有意義な取り組みです。
　　本章はディベート学習者，競技ディベーターが学習や競技から離れた後もディベート経験によって獲得したディベートスキルを社会で存分に発揮できるよう，実社会の問題を考察することの意義とディベートスキルを発展的に活用して具体的な社会問題を考察する方法について詳述します。

1　社会問題を考察する意義

（1）社会問題とその考察に必要な視点

　私たちは日常的に新聞等の刊行物やテレビ，ラジオ，インターネットやSNS等といった媒体から多くの情報を得ています。その情報の中には社会として解決に取り組むべき問題を提起する発信も数多く見受けられます。また，発信された情報がある人によっては単なる事実であっても，ある人にとってはそれが解決すべき問題だと感じるような場合もあるでしょう。
　学術的な定義はさておくとして，社会問題とは一般的には「社会で解決が望まれる問題」という趣旨で説明されています。社会問題が医療，教育，福祉，環境などテーマが多岐にわたることは周知のとおりで，時代によって社会問題は発生消滅し，或いはその内容が変容していきます。
　例えば，性的マイノリティの社会活動に関しては，性的マイノリティの存在が認知されていなかった時期があり，性的マイノリティの存在及び社会的問題の周知のための発信と価値観の転換が図られる過程を経て，具体的な問題解決策のための法整備の提言段階へと変容を遂げています。このように社会問題は時世によって変化するため，いつまでも過去の議論を支えた根拠や価値観を絶

対視して問題を考察することは適切ではありません。

　さらには，ある社会問題が別の社会問題と関連していることも多々あります。例えば，自宅学習児童の学習手段の確保について，多様性社会を推進することに賛同しつつ全ての児童が登校することが望ましいという前提から考察することは，条件によってはある種の根源的矛盾を孕むことになります。この例では「多様性社会推進」が抽象的価値観であって，自宅学習児童がその個別具体的事象であるという両者の関係が比較的わかりやすいため，「ある種の根源的矛盾」を意識しやすいものです。しかし，個別具体的事象が複数ある場合（社会問題は個別具体的な形で発信されるので，ほとんどがこのケースと言えます），共通あるいは相反する抽象的価値観が根底にあったとしてもそれを意識しづらく，各社会問題に対して個別的で場当たり的な考察となってしまうことがあります。解決すべき問題は各分野で個別的に存在しているように見えますが，一つの社会での問題として互いに影響しあっています。一貫した価値観に基づかずに表面に現れた問題に単に反応しているだけでは適切な考察ができません。

　このように，私たちが社会問題を考察する上では，問題の時世による変化と他の問題との相互関連性の双方に対応した視点が必要と考えられます。

（2）無関心のリスク
　発生しては変容し，複雑に相互関連する社会問題に対して私たちはどのような態度を示すことが望ましいのでしょうか。全ての社会問題に関心を払い続けることは容易なことではありませんが，社会で生活する以上社会問題に全く関心を示さないことはリスクを伴います。害悪とされている問題に軽率に加担していたり，知識不足から配慮に欠ける行動を取ってしまったりすることがあるためです。例えば，環境破壊に関する問題については，日常生活でどのような行為が環境破壊につながっているか知らなければ，いかに「環境破壊はよくない」と考えていたとしても環境破壊を避ける行動を選択することができません。また，セクハラに関する問題については，セクハラ該当行為の定義が世論によって変容しやすく，またその範囲が拡大傾向にあるため，いくら「セクハラはよくない」と考えていたとしても意図せずセクハラを行ってしまうことがありえ

ます。また，自身の価値観と行動との間に矛盾が内在すること，そして社会問題に無関心であるために矛盾解消の機会が得られないことはその者にとって歓迎できる状態ではないでしょう。

このように社会問題に関心をもつことは社会で生活する上でのリスクを回避することや，自己の確立に最低限必要なことと言えます。

（3）意見構築の重要性

社会問題に関心を払うだけではなくその問題について自身の意見を構築しておくことは，短期的には就職活動やビジネスシーンにおいて有利に働きます。しかし，このことは社会問題に関心をもって意見を構築することの本質的な意義ではなく副次的効果にすぎません。社会問題とは「社会で解決が望まれる問題」であることは既に述べたとおり，私たち自身の社会生活に関わる問題です。社会問題に対して意見を構築することは，その社会問題の現実的な解決に資するものです。

一個人の意見が社会問題の現実的な解決に資するものか疑問に思う人もいるかもしれません。これについては，「思想の自由市場論」という考え方があります。あらゆる意見が自由に表現されることによって多様な考え方が流通し，誤った事実や考え方が淘汰されて真理に到達するという考え方です。そして，そのような自由な意見の流通は民主主義の原動力となって政治的意思決定が行われると考えられており，このことは表現の自由が人権として尊重される意義であるとされています。社会問題の解決は一個人の力でなしうるものではなく，政治的な意思決定を待たなければならないことが多いことからすると，意見を構築し発言することは社会問題の解決に資するものと言えます。

それでは，実際にそのような思想の自由市場が社会に存在して民主政を支えるように機能しているのでしょうか。SNSを通じて誰もが全世界への発信者となり，双方向で意見交換が可能となった現代においては，個人の思想を流通させる自由市場は十分に確保されていると言えるでしょう。その反面，一部の発信に対して同一の方向性をもった反応や意見が強力な発信力を背景にして押し寄せる「炎上」という現象が起きています。炎上対象となった当事者の言い

分はもちろん，炎上の波に逆らう反応や意見は淘汰されるべきか否かの検証を経る前に焼き尽くされる事態となっています。企業の発信が批判的反応の波にさらされて，その発信の意味や価値観を十分に説明することなく撤回・謝罪に追い込まれる場面をニュースで見たことがある人も多いのではないでしょうか。

このことは，単にあらゆる意見・表現が流通しさえすれば民主政を支える原動力となりうるわけではないことを意味しています。流通する表現の質が伴わなければ私たちは政治的意思決定に関与する機会を逸していることになります。社会問題について意見を構築することは，炎上に加担する発信を自制し，質の高い表現を流通させる前提となります。

そうは言っても，自分自身の日常生活に直接関係のない社会問題にまで意見を構築するほどの関心をもつことは容易ではないのが現状ではないでしょうか。自分自身の問題だと認識しなければその問題を深く考えられないのは通常のことです。この前提に立つと，多くのことについて関心をもって考えられる人との違いは，自分自身の問題だと捉えられる幅の違いが一つの要因と考えられます。今現在の自分に関わる問題のみを自分の問題と捉える人と，将来の自分に関わる問題まで自分の問題と捉える人では，関心をもつ問題の幅に違いが出ます。想像力を駆使して実感をもって自分の問題として捉えられる幅を広げていくことが，多くの社会問題に関心をもつ動機になると思われます。ディベート経験があれば自分の主観的な意見とは異なる意見を説得的に主張するという経験をしていますので，その経験を活かして問題に直面している人の立場に立ってみるとこれまで見えていなかったことが見えてくるかもしれません。

2　自分の意見構築をするために——積極的安楽死の是非について

（1）ディベートスキルを取り入れた考察

ここからは具体的な社会問題として「積極的安楽死制度導入の是非」を例に，これについて自分の意見構築に至る考察過程にディベートスキルを取り入れる方法を紹介します。もっとも，社会問題に関する考察過程は一つではありません。各人のもつ経験や置かれている環境，問題を考える個人的な動機などから

様々なアプローチ方法があります。自分で確立している思考方法にディベートスキルを活用した考察を加えてみると，新たな視点を獲得することが期待できます。

（2）暫定的な結論を出す

　問題について意見を構築するためには前提となる知識が必要です。このため問題に関する調査は必須ですが，その前に現在の知識だけでその問題について考えていることや印象を基に暫定的な結論を出しておくと良いでしょう。

　ディベートの場合も最初は与えられた論題に関する資料を調べて論題の理解を深めるところから始めますが（第8章参照），やみくもに調べるだけではなくメリット・デメリットが発生するという仮説を立ててそれが正しいことを立証できる資料があるかという視点でも調べていきます。ディベートの場合は立論に耐えられるメリット・デメリットを構築することが資料調査の大きな目的の一つになるためです。暫定的な結論を出しておくことはディベートで仮説を立てる場合と同じようにどのような知識を調査するとよいか当たりをつけやすくなるという利点があります。

　また，知識のない状態で出した結論には自分の感覚や感情といった理論的でない部分を多く含みます。ディベートでは感覚や感情のような主観的要素は理論的・客観的ではないとして排除される傾向がありますが，問題に対して意見を構築する場合，自分の価値観を無視して意見を構築することはできません。主観的な部分はその人の価値観が色濃く反映されるため，これを記録しておくことは後々この段階での自分の価値観を客観的に知る材料になります。

　表　終-1の暫定的結論例では，「体が動かないのに長生きしても迷惑がかかる」という理由によって結論が導かれています。価値観の分析については，「体が動かないのに長生きをすることは他人の迷惑である」という価値観と「他人の迷惑と生命を比較すると生命が劣後する」という価値観に基づいている可能性があることが分かります。もっとも，上記の価値観は自分限りのことなのか，社会全体のことなのか，その妥当する範囲に幅があります。この段階では明確に自分の価値観を自覚できていないことも多いと思われますが，次項以下の考

表 終-1　暫定的結論例

「積極的安楽死制度導入には賛成です。なぜなら，体が動かないのに長生きをしても他人に迷惑がかかってしまうからです。」

出所：筆者作成。

察を進めることで暫定的結論を支える自分の価値観が明確化していくことが見込まれます。

(3) 争点を発見する

　暫定的な結論が出たところで知識の調査を行います。より多くの証拠資料，意見，関連する問題を調べて問題の全容を掴む作業です。これはディベートの準備で資料を調べる作業と同じです。社会問題に関する意見を構築する場合も同様に問題の歴史や国外での扱い等，より多くの知識や知見に触れることが望ましく，知識・知見の広さは意見の基礎となる材料の豊かさに直結します。あらゆる資料を手あたり次第に当たるのも良いですが，先述したとおり暫定的な結論を裏付ける資料はないか，同じような意見でその根拠がより明確な資料はないか，また暫定的な結論に反対している資料はないか，という観点から調査を始めると効率よく知識を獲得することができます。

　ここで意識してもらいたいのは，資料から得られた知識・見解について自ら問いと仮説を立て，その問いと仮説に答える知識・見解を調べていくということです。これを繰り返すことでより深く問題を考察でき，その社会問題の争点を見つけ出すことができます。争点は一般的に認識されているものに限らず，自分が独自に争点だと考えるものも含みます。そして，争点は一つであるとは限りません。ある程度の知識を得て争点を発見できたら，これを基に問題の構造を分析する段階へ移行します。

　表 終-2 の資料調査例では一つの調査結果から一つの問いが立てられましたが，実際は複数の問いが生じます。あらゆる視点から問い・仮説・調査を繰り返し，多くの争点を発見できると自分の意見を考える材料がより豊かになります。

終　章　ディベートで考える社会問題

表 終-2　資料調査例

暫定的結論例では積極的安楽死に賛成だったので，反対意見を調べてみます。以下は，「安楽死は安易な死を助長する」という反対意見の資料が発見できた場合の資料調査例です。 ①問い・仮説を立てる 　問い：安易な死とは何か。 　仮説：これまで多少の苦痛があって苦痛から逃れる方法として死が選択肢に入らなかったが，死が選択肢に入るようになること。 ②調査をする 　調査内容：「安易な死」の評価を受けている事例，懸念される事態 　調査結果：「安易な死」の問題点として「身体的に弱者となった者の死の選択を容認すること」がある。 　仮説との比較：仮説の妥当範囲のうち身体的弱者について焦点を当てたもの。 ③次の問い・仮説を立てる 　問い：身体的弱者が自ら死を選択できるようになることはなぜ問題か。 　仮説：身体的弱者に制度として死の選択が与えられるのは，身体的弱者は死を選ぶに値する存在であるという社会的なメッセージになる。 （以下，問い・仮説・調査を繰り返す。） ④争点の発見 　争点：生命の自己決定権の尊重と身体的弱者に対する生命軽視が対立。

出所：筆者作成。

（4）問題の構造を分析する

　ある程度の知識を獲得し争点を発見できたら，次に「積極的安楽死制度導入の是非」という問題がどのような構造をしているのかを分析します。今回の問題は，現在存在しない制度を導入するか否かという形式で，政策論題ディベートと同じです。実際に積極的安楽死制度導入の是非は政策論題ディベートの論題として古典的な題材です。

　既に第1章で触れられているように，ディベートの論題には政策論題，価値論題（例えば「時間とお金ではどちらが大切か」という論題），事実論題（例えば「化石燃料は50年後に枯渇するか」という論題）の三種類の論題型があり，各論題型で議論の対象が異なります。すなわち，政策論題では政策導入のメリットとデメリットの比較が議論対象となり，価値論題では価値観の正当性・優劣が議論対象となり，事実論題ではその事実の存否が議論対象となります。もっとも，各論題型は相互に独立しているわけではありません。政策論題を検討する場合メリット・デメリット比較による政策内容の検討だけでなくその政策がどのよう

233

な価値観に基づいて提言されているか検討を要することがあります。例えば，選挙の棄権に罰則を導入する政策は，投票は義務であるという価値観に基づくもので，政策導入の是非を検討するにあたってはその価値観が正当であるかを検討する必要があります。このような場合，その政策を支える価値観の正当性を考えなければならないという点において政策論題は価値論題的な争点を包摂していると言えます。また，価値論題ではその前提事実の存否に争いがある場合があり事実論題的な争点を包摂していることがあります。このため，政策論題が事実論題的争点を包摂する価値論題的争点をさらに包摂するという三重構造になっていることがあり得ます。

　ディベートでは争点がある程度想定されている論題が与えられ，その争点が問題とどのような関係に立つのかもある程度想定されていますが，それを発見するのもディベートの準備に含まれています。社会問題を考察する場合もディベートの準備と同様に争点の性質と問題に対する位置づけの分析が必要です。

　表 終－3の問題の構造分析の例①には，AからDの四つの争点が示されています。Aは積極的安楽死制度導入によって発生する自己決定尊重と生命軽視風潮の抑止という二つの価値観のいずれを重視すべきであるかという価値論題的な争点です。そして，BはAの自己決定尊重の前提となる事実が存在するかどうかという事実論題的な争点であり，CはAの生命軽視風潮の前提となる事実が存在するかという事実論題的な争点です。このため，終局的な結論に至るためには，B・Cを検討した上で両事実が存在することを前提にAを検討しなければならないという問題構造であることが分かります（表 終－3②）。DはAで自己決定尊重を重視して制度を導入するとしてもどのようなメリット・デメリットのバランスで実施するかという政策論題的な争点です。

　上記の例では制度導入の是非を決する価値観として自己決定権と生命軽視風潮抑止を取り上げましたが，その他にも積極的安楽死制度導入の動機となりうる価値観は存在しています。複数の価値観を比較しなければ最終的な結論に至らない，あるいは価値観の前提となる複数の事実の存否が問題となる場合もあります。そのような多くの争点を含む場合であっても，その争点がどのような性質のもので，どの争点の前提条件になっているかを検討することで，問題に

終　章　ディベートで考える社会問題

表 終-3　問題の構造分析例

```
①問題と発見できた争点を書き出す
  問題：「積極的安楽死制度導入の是非」
  発見できた争点：
    A：個人の生命に関する自己決定権と身体的弱者の生命軽視風潮防止のどちらを重視すべきか。
    B：世間の影響を受けずに生命について自己決定できるか。
    C：身体的弱者が積極的安楽死を選択できる制度を創設することは，身体的弱者が死に値する
      という社会的風潮が発生するか。
    D：どのような制度であれば生命に関する自己決定権を尊重し，生命軽視の風潮を抑止できる
      か。

②問題の構造を分析する
  ①で挙げた争点がどのような性質か，問題とはどのような関係か，どのような位置づけにあるの
  かを検討する。
```

出所：筆者作成。

対する位置づけを明らかにしていきます。

（5）意見を構築する

　争点が最終的な問題に対してどのような位置づけにあるか，問題の構造を分析できたら，前提となる争点から順に回答を出していきます。この争点に対する回答は最終的な問題に対する意見の根拠となる部分です。問題の構造に従って争点の回答を積み上げていくと最終的な結論の方向性が決まっていきます（表 終-4）。

　ディベートでは肯定・否定の立場に分かれて立論や反駁を組み立てなければならないので，各争点について各立場の論拠となるよう回答を導く必要があります。しかし，社会問題について意見を構築する場合は，結論が先にあって理由付けをするのではなく，争点についての回答を積み重ねて自分の意見を構築します。このためディベートの立論・反駁のように結論に向かってその理屈を組み立てるのではなく「自分はこの争点をどう判断するか」という視点で考えます。争点をどう判断するかは人によって重視するポイントが様々で正解はあ

表 終-4　意見の構築例

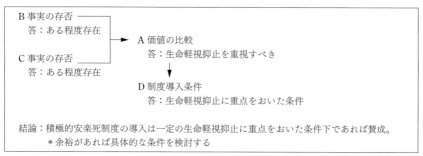

出所：筆者作成。

りませんが，ディベートの試合での議論が判断方法の参考になりえます。

　ディベートでは審判を説得する議論を行わなければならないため，論題の違いによって説得性を発揮しやすいポイントを意識した議論が展開されます。すなわち，政策論題では政策導入のメリットとデメリットの比較が議論対象となることから，メリット・デメリットの発生について客観的な資料に基づいた現状分析と将来予測が説得力をもちます。価値論題では価値観の優劣が議論となることから，客観的資料よりも価値観の正当性を基礎づける論理展開が重要になります。事実論題ではその事実の存否が議論となるため，裏付け資料とその解釈が大きな意味をもちます。問題に関する争点を考える場合も，ディベートのように争点の性質によって重視すべきポイントを変えて考えてみると，考察の糸口が見えてくるかもしれません。

(6) 主観的な価値観の重視

　問題に対する最終的な意見は各争点に対する回答を積み重ねることで構築することができますが，争点について納得できる答えが出ないことも多いと思われます。ディベートでは結論が先にありこれに理由をつけていくので，理由となる争点には必ず答えを出します。この点は意見の構築と決定的に異なる部分です。また，ディベートでは客観性・論理性によって判断が行いやすい政策論題が主流で，価値論題は個人の価値観に優劣をつけづらいことから避けられる

傾向があります。しかし，社会問題の考察で重要なのは個人の価値観です。

　各争点（とりわけ価値論題的争点）に対して自分がどう考えるかはその人の置かれた立場や経験から培われた個性や価値観が最も表れる領域であり，この部分が多様な意見の根源になります。社会問題について意見を構築することは大切であるものの，客観性・論理性を突き詰めて違和感を覚える結論に至ったのであれば，その結論を維持するよりも違和感の正体が何であるかを考える方がより深く問題を考索することができます。社会問題を考察するにあたっては，その結論の方向性を決定づけた根本的な主観的価値観を客観的に説明することが結論の説得力を担保し，自分自身の価値観を再認識することに繋がります。

3　より良い発展のために

　これまで社会問題について意見を構築する過程を紹介しましたが，問題に関わる情報の全てを一度に得られるわけではなく，また，特別な動機なくして常日頃から高い熱量で考え続けられるものでもありません。そして，社会情勢が日々変容していくことや，自分自身の経験や環境の変化による価値観の変化によっても，問題に対する考え方は変わっていきます。このため，答えの出ない争点があることは通常で，結論が出たとしても常に「今のところは」という留保のついた変化の余地のあるものです。言い換えれば社会問題についての考察は終わりのない作業です。しかし，自由を得る代わりにより良い社会の在り方を考え，実践し続けなければならないのが民主主義です。

　このため，現在の自分の出した結論に固執することなく一つの視点として受け止め，「今のところ」の結論をより良い方向へ更新していく意識をもつことが重要です。新たな情報が得られた時や話題にあがった時など，考える機会は訪れます。特に自分と価値観の違う誰かと意見を交換することは考えを更新する上で有益です。ディベートは肯定側と否定側が最後まで相容れないゲームですが，チームで方針を決めるときにはチームメンバーの意見をもち寄って取捨選択します。ディベート経験があれば，他者と議論をすることがより良い結論を導くための創造的な共同作業だということが実感できるでしょう。

ディベート経験やそこで得られたスキルは個人の発展に留まらず社会全体の発展に役立つ可能性を秘めたものです。みなさんが社会生活を送る上でディベート経験とスキルを活用し，より良く発展していくことを期待しています。

学習課題
　身近な社会問題や興味のある社会問題について，ディベートスキルを使ってあなたの意見を構築してみましょう。①から⑤の順に考えてみてください。
①その社会問題についてあなたはどのような印象・意見ですか。
②その社会問題はどのような争点の構造になっていますか。
③各争点についてあなたはどのように判断しますか。
④最終的にその社会問題についてあなたはどのような意見ですか。
⑤あなたの意見を決定づけた価値観はどのようなものですか。

引用・参考文献

青木良介『第15回ディベート甲子園高校の部論題解説』https://nade.jp//wp-content/uploads/2021/02/c54fdf4569dbefbdfc4a2316ba6e57f9-2.pdf（2024年11月15日閲覧）。
ジョエル・ベスト，赤川学（監訳）（2020）『社会問題とは何か』筑摩書房。
全国教室ディベート連盟東海支部（2005）『ディベートで学ぶエネルギー問題』
髙橋和之（2022）『人権研究1　表現の自由』有斐閣。
茂木秀昭（2001）『ザ・ディベート』ちくま新書。

〈応援メッセージ〉
ディベート受講生に託す夢

　私は大学でのディベート講義の最初に，学生と個別に対話をしたり，学生にスピーチをしてもらったり，学生同士雑談をしてもらったりすることによって学生全員の特性を掴むようにしています。そしてディベートチームを編成するときに，メンバーの特性が多様になるように，また，その特性が互いに発揮されやすいように，メンバー同士の相性を考えてチームを編成するよう心がけています（もちろん特性や相性を見誤ることもあります）。その理由は，異なる特性をもつ学生が互いに刺激を受け合った結果，チームの問題発見力と解決力が飛躍的に高まる化学反応が起きるためです。そうすると，各自がチームに貢献できている満足感も高まるようで，そ

終　章　ディベートで考える社会問題

のような満足感を得た人はさらなる貢献を目指して個人の特性を磨き上げていく好循環になります。

　ディベートを通じて自分の役割を全うしてチームの発展を経験した学生たちが，いずれ各自の属するコミュニティでその特性を発揮して力を尽くすようになることを，私は密かに夢見ています。

(安田朋江)

付　録

ディベートワークシート

ディベートを実践する際に使用するワークシートを掲載します。適宜拡大コピーをしてご利用ください。下記のミネルヴァ書房ホームページ内からも PDF をダウンロードできます。

『現代社会を生き抜く力が身につく　実践・ディベート入門』ワークシートについて
https://www.minervashobo.co.jp/news/n60233.html
【パスワード】Debate_098590

①フローシート
②リンクマップ作成シート（肯定側否定側双方が使用）
③肯定側システムマップ作成シート（④肯定側立論作成シートに記入する前に使用）
④肯定側立論作成シート（①肯定側立論で使用）
⑤否定側質問作成シート（②否定側質疑で否定側が使用）
⑥肯定側応答作成シート（②否定側質疑で肯定側が使用）
⑦否定側システムマップ作成シート（⑧否定側立論作成シートに記入する前に使用）
⑧否定側立論作成シート（③否定側立論で使用）
⑨肯定側質問作成シート（④肯定側質疑で肯定側が使用）
⑩否定側応答作成シート（④肯定側質疑で否定側が使用）
⑪否定側反論作成シート（⑤否定側第一反駁で使用）
⑫肯定側反論作成シート（⑥肯定側第一反駁で使用）
⑬肯定側立て直し作成シート（⑥肯定側第一反駁で使用）
⑭否定側立て直し作成シート（⑦否定側第二反駁で使用）
⑮否定側まとめ作成シート（⑦否定側第二反駁で使用）
⑯肯定側まとめ作成シート（⑧肯定側第二反駁で使用）
⑰判定シート
⑱新聞記事活用シート

1 ディベートフローシート

☆議論の流れを書きとめましょう。

論題：＿＿＿＿＿＿＿＿＿＿＿＿＿＿＿　開催日　年　月　日
肯定：　　　　　　否定：　　　　　　審判：

① 肯定側 立論	② 否定側 質疑	③ 否定側 立論	④ 肯定側 質疑	⑤ 否定側 第一反駁	⑥ 肯定側 第一反駁	⑦ 否定側 第二反駁	⑧ 肯定側 第二反駁

付　録　ディベートワークシート

②リンクマップ作成シート（肯定側否定側双方が使用）

☆論題を中央に書き入れ，どのようなメリット・デメリットが生じていくのか書き足していきましょう。そのうえで，以下のことを考えましょう。
①メリットとデメリットの関係を考える　②試合で使うメリットやデメリットを選ぶ
③相手の議論を予測する

3 肯定側システムマップ作成シート　(4 肯定側立論作成シートに記入する前に使用)

●メリット・デメリットはプラン前とプラン後の変化を説明するものです。
●システムマップの見方・議論は左側から右側へ流れていきます。
●上の線が現状，下の線がプラン後を表します。上の議論と下の議論は対応しています。
☆プラン前後の差をシステムマップで表現してみましょう。

論題：　　　　　　　　　　　　メリット：

プランなし
現状

プランあり
プラン後

重要性：

論題：　　　　　　　　　　　　メリット：

プランなし
現状

プランあり
プラン後

重要性：

論題：　　　　　　　　　　　　メリット：

プランなし
現状

プランあり
プラン後

重要性：

付　録　ディベートワークシート

4 肯定側立論作成シート（①肯定側立論で使用）

☆3で作成したシステムマップをもとに，立論を作成しましょう。
＜肯定側立論＞プラン導入に賛成
プランから発生するメリット ［　　　　　　　　　　　　　　　］

```
　　○────○────○────○────○
　プランなし
　　現状

　　○────○────○────○────○
　プランあり
　　プラン後
```

重要性：

☆話し言葉の文章にしてみましょう。

●プランから発生するメリットは，［　　　　　　　　　　　　　　］です。

●現状の説明（プランなし）をします。

●プランを導入するとどうなるか（プランあり）プラン後の変化を説明します。

●なぜメリットは重要かを説明します。

●よって，プランを導入すべきです。

245

5 否定側質問作成シート （②否定側質疑で否定側が使用）

☆論題から考えられる肯定側立論に対する質問を考えましょう。

プランから発生するメリット _____

Q1	立論引用	
	質問内容	
	追加質問	

Q2	立論引用	
	質問内容	
	追加質問	

Q3	立論引用	
	質問内容	
	追加質問	

Q4	立論引用	
	質問内容	
	追加質問	

付　録　ディベートワークシート

⑥肯定側応答作成シート（②否定側質疑で肯定側が使用）

☆否定側からの質問を予想し，対する応答を考えましょう。

プランから発生するメリット ☐

Q1	立論引用	
	予想される質問	
	応答	

Q2	立論引用	
	想定される質問	
	応答	

Q3	立論引用	
	想定される質問	
	応答	

Q4	立論引用	
	想定される質問	
	応答	

7 否定側システムマップ作成シート （8 否定側立論作成シートに記入する前に使用）

●メリット・デメリットはプラン前とプラン後の変化を説明するものです。
●システムマップの見方・議論は左側から右側へ流れていきます。
●上の線が現状，下の線がプラン後を表します。上の議論と下の議論は対応しています。
☆プラン前後の差をシステムマップで表現してみましょう。

論題：　　　　　　　　　　デメリット：

　　　○───○───○───○───○
　　プランなし
　　　現状

　　　○───○───○───○───○
　　プランあり
　　プラン後

深刻性：

論題：　　　　　　　　　　デメリット：

　　　○───○───○───○───○
　　プランなし
　　　現状

　　　○───○───○───○───○
　　プランあり
　　プラン後

深刻性：

論題：　　　　　　　　　　デメリット：

　　　○───○───○───○───○
　　プランなし
　　　現状

　　　○───○───○───○───○
　　プランあり
　　プラン後

深刻性：

付　録　ディベートワークシート

8 否定側立論作成シート（③否定側立論で使用）

☆7で作成したシステムマップをもとに，立論を作成しましょう。
＜否定側立論＞現状維持（プラン導入に反対）

プランから発生するデメリット ［　　　　　　　　　　　］

```
○───○───○───○───○
プランなし
現状

○───○───○───○───○
プランあり
プラン後
```

重要性：

☆話し言葉の文章にしてみましょう。

●プランから発生するデメリットは，［　　　　　　　　　　　］です。

●現状の説明（プランなし）をします。

　

●プランを導入するとどうなるか（プランあり）プラン後の変化を説明します。

　

●なぜデメリットは深刻かを説明します。

　

●よって，プランを導入すべきではありません。

249

⑨肯定側質問作成シート（④肯定側質疑で肯定側が使用）

☆論題から考えられる肯定側立論に対する質問を考えましょう。

プランから発生するデメリット　[　　　　　　　　]

Q1	立論引用	
	質問内容	
	追加質問	

Q2	立論引用	
	質問内容	
	追加質問	

Q3	立論引用	
	質問内容	
	追加質問	

Q4	立論引用	
	質問内容	
	追加質問	

付　録　ディベートワークシート

10 否定側応答作成シート（④肯定側質疑で否定側が使用）

☆肯定側からの質問を予想し，対する応答を考えましょう。

プランから発生するデメリット _____

Q1	立論引用	
	予想される質問	
	応答	

Q2	立論引用	
	想定される質問	
	応答	

Q3	立論引用	
	想定される質問	
	応答	

Q4	立論引用	
	想定される質問	
	応答	

11 否定側反論作成シート（⑤否定側第一反駁で使用）

☆肯定側からの立論に対する否定側の反論を作成しましょう。

プランから発生するメリット _____

```
○───○───○───○───○
  プランなし
   現状

○───○───○───○───○
  プランあり
   プラン後
```

重要性：

・・・

1. 引用
□現状の説明で　□プラン後の説明で
□重要性で　　　□その他：_____，_____ と言いましたが，

2. 主張 _____

3. 根拠　なぜならば，
_____

4. まとめ
□よって，（現状に問題はないので）プランを導入する必要はありません。
□よって，メリットは発生しません。
□よって，メリットは重要ではありません。
□その他 _____

・・・

1. 引用
□現状の説明で　□プラン後の説明で
□重要性で　　　□その他：_____，_____ と言いましたが，

2. 主張 _____

3. 根拠　なぜならば，
_____

4. まとめ
□よって，（現状に問題はないので）プランを導入する必要はありません。
□よって，メリットは発生しません。
□よって，メリットは重要ではありません。
□その他 _____

付　録　ディベートワークシート

12 肯定側反論作成シート（⑥肯定側第一反駁で使用）

☆否定側からの立論に対する否定側の反論を作成しましょう。

プランから発生するデメリット _____

```
    ○────○────○────○────○
   プランなし
    現状

    ○────○────○────○────○
   プランあり
   プラン後
```

深刻性：

・・・

1. 引用
□現状の説明で　□プラン後の説明で
□深刻性で　□その他：_____，_____ と言いましたが，

2. 主張　_____

3. 根拠　なぜならば，
_____

4. まとめ
□よって，デメリットは論題と関係なく，現状でも発生する問題です。
□よって，デメリットは発生しません。
□よって，デメリットは深刻ではありません。
□その他 _____

・・・

1. 引用
□現状の説明で　□プラン後の説明で
□深刻性で　□その他：_____，_____ と言いましたが，

2. 主張　_____

3. 根拠　なぜならば，
_____

4. まとめ
□よって，デメリットは論題と関係なく，現状でも発生する問題です。
□よって，デメリットは発生しません。
□よって，デメリットは深刻ではありません。
□その他 _____

13 肯定側立て直し作成シート （⑥肯定側第一反駁で使用）

☆否定側に反論されたことを肯定側が立て直すためのシートです。立論の立て直しをしましょう。

プランから発生するメリット _____

・・・
1. 引用
□現状の説明 □プラン後の説明
□重要性　□その他：_____，に対して否定側第一反駁で _____ と言いましたが，
2. 主張
_____

3. 根拠　なぜならば，
_____

4. まとめ
□よって，（現状に問題があるので）プランを導入する必要があります。
□よって，メリットは発生します。
□よって，メリットは重要です。
□その他 _____

・・・
1. 引用
□現状の説明 □プラン後の説明
□重要性　□その他：_____，に対して否定側第一反駁で _____ と言いましたが，
2. 主張
_____

3. 根拠　なぜならば，
_____

4. まとめ
□よって，（現状に問題があるので）プランを導入する必要があります。
□よって，メリットは発生します。
□よって，メリットは重要です。
□その他 _____

・・・
1. 引用
□現状の説明 □プラン後の説明
□重要性　□その他：_____，に対して否定側第一反駁で _____ と言いましたが，
2. 主張
_____

3. 根拠　なぜならば，
_____

4. まとめ
□よって，（現状に問題があるので）プランを導入する必要があります。
□よって，メリットは発生します。
□よって，メリットは重要です。
□その他 _____

付　録　ディベートワークシート

14 否定側立て直し作成シート（⑦否定側第二反駁で使用）

☆肯定側に反論されたことを否定側が立て直すためのシートです。立論の立て直しをしましょう。

プランから発生するデメリット _____

・・・
1. 引用
　□現状の説明　□プラン後の説明
　□深刻性　　　□その他：_____，に対して肯定側第一反駁で _____ と言いましたが，
2. 主張

3. 根拠　なぜならば，

4. まとめ
　□よって，デメリットは論題と関係があり，プランを導入しなければ発生しない問題です。
　□よって，デメリットは発生します。
　□よって，デメリットは深刻です。
　□その他

・・・
1. 引用
　□現状の説明　□プラン後の説明
　□深刻性　　　□その他：_____，に対して否定側第一反駁で _____ と言いましたが，
2. 主張

3. 根拠　なぜならば，

4. まとめ
　□よって，デメリットは論題と関係があり，プランを導入しなければ発生しない問題です。
　□よって，デメリットは発生します。
　□よって，デメリットは深刻です。
　□その他

・・・
1. 引用
　□現状の説明　□プラン後の説明
　□深刻性　　　□その他：_____，に対して否定側第一反駁で _____ と言いましたが，
2. 主張

3. 根拠　なぜならば，

4. まとめ
　□よって，デメリットは論題と関係があり，プランを導入しなければ発生しない問題です。
　□よって，デメリットは発生します。
　□よって，デメリットは深刻です。
　□その他

15 否定側まとめ作成シート (⑦否定側第二反駁で使用)

●これまでの議論をまとめて否定側の勝利を主張するためのシートです。

☆1. メリットの評価：試合の議論を整理し，メリットが小さいことを説明しましょう。

肯定側は立論で，[　　　　　　　　　　　　　　]が発生すると言いました。

[　　　　　　　　　　　　　　　　　　　　　　　　　　　　　　　　　　　　　]

よって，メリットは，立論通りの大きさではありません。

☆2. デメリットの評価：試合の議論を整理し，デメリットが残っていて，それが深刻な問題であることを説明しましょう。

一方，我々は，否定側立論で，[　　　　　　　　　　　　　　]が発生すると言いました。

[　　　　　　　　　　　　　　　　　　　　　　　　　　　　　　　　　　　　　]

よって，デメリットは発生し，それは深刻な問題です。

☆3. メリットとデメリットの比較：上の1と2をふまえて，なぜメリットよりデメリットが大きいかを説明しましょう。

以上をふまえると，デメリットがメリットを上回っています。なぜならば，

[　　　　　　　　　　　　　　　　　　　　　　　　　　　　　　　　　　　　　]

以上より，プランを導入すべきではありません。

付　録　ディベートワークシート

16 肯定側まとめ作成シート（⑧肯定側第二反駁で使用）

●これまでの議論をまとめて肯定側の勝利を主張するためのシートです。

☆1．デメリットの評価：試合の議論を整理し，デメリットが小さいことを説明しましょう。

否定側は立論で，[　　　　　　　　　　　　　　]が発生すると言いました。

よって，デメリットは，立論通りの大きさではありません。

☆2．メリットの評価：試合の議論を整理し，メリットが残っていて，それが重要な問題であることを説明しましょう。

一方，我々は，肯定側立論で，[　　　　　　　　　　]が発生すると言いました。

よって，メリットは発生し，それは重要な問題です。

☆3．メリットとデメリットの比較：上の1と2をふまえて，なぜデメリットよりメリットが大きいかを説明しましょう。

以上をふまえると，メリットがデメリットを上回っています。なぜならば，

以上より，プランを導入すべきです。

257

17 判定シート

●試合の勝敗を検討するために審判が使用します。

論題：＿＿＿＿＿＿＿＿＿＿＿＿＿＿＿＿＿＿＿＿　　開催日　　年　　月　　日

肯定側：	否定側：

判定　　　肯定側　　・　　否定側　　の勝ち　　審判：

	コミュニケーション点※1（1〜5）					マナー点※2 （−5〜0）	総計
	立論	質疑	応答	第一反駁	第二反駁		
肯定側							
否定側							

【減点の理由※3：　　　　　　　　　　　　　　　　　　　　　　　　　　　　　　　】

※1　コミュニケーション点は，次の5段階で評価する。
　　　5…非常に優れている　4…優れている　3…普通　2…改善の余地がややある　1…改善の必要がかなりある
※2　マナー点は，マナーに問題がある際に最大5点コミュニケーション点計から減点し，減点後の点数を総計に記入する。
※3　マナーによる減点を行った場合はその理由を明記する。

＜メリット＞

発生の程度	×	重要性	=	メリットの大きさ

＜デメリット＞

発生の程度	×	深刻性	=	デメリットの大きさ

付　録　ディベートワークシート

18 新聞記事活用シート

「　　　　　　　　」に賛成？反対？

☆いろいろな立場に立って考えてみましょう。

新聞	年　月　日

☆ここに記事を貼り、上の枠に新聞名と朝刊・夕刊、発行年月日を書きましょう。

賛成します！

- のメリット
- のメリット
- のメリット
- その他のメリット

反対します！

- のデメリット
- のデメリット
- のデメリット
- その他のデメリット

より深く学びたい人のために

以下のホームページなどを参考にして，ディベートをより楽しんでください。大会時の動画なども公開されています。

NADE-NPO法人全国教室ディベート連盟ホームページ　https://nade.jp
　ディベートの技術と発想を学校教育に普及させることによって健全な市民社会を構築することを目的として，1996年に発足した団体です。①教室ディベートの教材・指導法の開発，②全国各地でのディベート講習会の開催，③ディベート甲子園（全国中学・高校ディベート選手権）の開催などの活動をしています。

CoDA-NPO法人日本ディベート連盟ホームページ　https://www.coda.or.jp
　ディベートの普及と発展を通じて社会に貢献することを目的とする組織です。1997年から大学生向け日本語ディベート大会を継続開催しています。大会・セミナーの開催や，官公庁・企業向け研修事業，研究開発活動を行っています。

JDA-NPO法人日本ディベート協会ホームページ　https://japan-debate-association.org
　日本におけるディベート活動の普及・促進を目的として1986年に発足した団体です。2000年より議論学国際学術会議を開催しています。

おわりに

　ディベートの魅力について，ディベートが三度の飯より大好物のディベーターたちに，各方面から参加していただき，語っていただいた。本人たちが好きすぎて，マニアックになりすぎないように難しくなりすぎないようにとお願いしてきたつもりではありますが，どこまでうまくいったか心配です。ただ，執筆者の多くは職場などで学生や生徒を指導している人たちなので，初学者向けであるということについてもある程度配慮してくれたのではないかと考えています。

　今時の問題をたくさん具体的にあげて解説していますので，それらをそのまま活用していただいていてもいいですし，掲載した多くのワークシートなどを利用して新たな論題にも向き合ってもらうのもよいでしょう。関連する動画などのURLも記載していますので，それらにもアクセスしていただいて，ディベートの雰囲気を感じていただくこともできます。

　本書を使って，より多くの人にディベートを体験してもらいたいと思います。授業などに取り入れていただければ幸いですし，さらにその先にディベート甲子園に参加しようと思ってくれる学校が増えてきたならば，望外の幸せです。また，小学生から大学生のみならず，職場や生涯学習の場でもご活用いただき，まさに中高生から中高年まで，ディベートを楽しんでもらえれば幸いです。

2025年2月

編著者　吉田あけみ

索　引

（＊は人名）

あ　行

アイスブレイク　42
一次情報　28
インタビューゲーム　43
遅すぎる反論　38

か　行

書く力　3
聴く力　1
競技ディベート　19

さ　行

＊シェイエス，エマニュエル＝ジョセフ　176
システムマップ　84
情報収集力　5
情報選択力　5
情報理解力　5
情報リテラシー　6

書面審査　218
新聞記事活用シート　207
選択力　7

た・な　行

ターンアラウンド　102
チームワーク　9
調査型ディベート　60
二次情報　28

は　行

話す力　1
フォーマット　24
フローシート　9, 62

ら・わ　行

リンクマップ　83
ワークシート　11, 83

〈執筆者紹介〉（執筆順，＊は編著者）

＊吉田あけみ（よしだ　あけみ）　はじめに，序章，第4章，おわりに，ワークシート

　　編者紹介欄参照。

市野敬介（いちの　けいすけ）　第1章

　現　在　NPO法人全国教室ディベート連盟副理事長・事務局長（前・大会運営委員長），長岡造形大学非常勤講師，NPO法人企業教育研究会事務局員，一般社団法人次世代教育・産官学民連携機構社員，認定キャリア教育コーディネーター。

長谷部浩一（はせべ　こういち）　第2章

　現　在　金城学院大学非常勤講師，愛知県一宮市立中学校教諭，NPO法人全国教室ディベート連盟東海支部スタッフ，たかはま・夢未来塾ディベート講座講師，愛知教育大学附属名古屋中学校F活ディベート講師。

　主　著　『ディベートで学ぶエネルギー問題』（共著）全国教室ディベート連盟東海支部，2005年。
　　　　　『中学校・高等学校ディベート授業がてがるにできるモデル立論集』（共著）学事出版，1999年。
　　　　　『「菊池実践」で創る令和時代のコミュニケーション力あふれる中学校』（共著）菊池省三・菊池道場，中村堂，2021年。

白井輝希（しらい　てるき）　第3章，第4章

　現　在　会社員，NPO法人全国教室ディベート連盟東海支部スタッフ。

村上彰慶（むらかみ　あきよし）　第4章，第5章，ワークシート

　現　在　東海高等学校教諭，NPO法人全国教室ディベート連盟東海支部副事務局長。

　主　著　『ディベートで学ぶエネルギー問題』（共著）全国教室ディベート連盟東海支部，2005年。

　受賞歴　第17回全国中学・高校ディベート選手権（ディベート甲子園）「最優秀指導者賞・高校の部」全国教室ディベート連盟　2012年。

石原敏和（いしはら　としかず）　第4章，第6章，ワークシート

　現　在　医師，NPO法人全国教室ディベート連盟東海支部スタッフ。名古屋大学医学部医学系研究科客員研究員（循環器内科）。

天白達也（てんぱく　たつや）　第4章，第7章，ワークシート
　　現　在　弁護士，NPO法人全日本ディベート連盟理事，NPO法人全国教室ディベート連盟東海支部スタッフ。
　　主　著　『ディベートで学ぶエネルギー問題』（共著）全国教室ディベート連盟東海支部，2005年。
　　　　　　『債権管理・保全・回収の手引き』（共著）商事法務，2016年。
　　　　　　『企業労働法実務相談』（共著）商事法務，2019年。
　　　　　　『次世代ビジネス対応　契約審査手続マニュアル──「新しい資本主義」を踏まえた契約類型』（共著）新日本法規出版，2022年。

笠井千香子（かさい　ちかこ）　第8章，ワークシート
　　現　在　元金城学院大学非常勤講師，NPO法人全国教室ディベート連盟理事・東海支部副支部長。
　　主　著　『教室ディベートへの挑戦』第4集，（共著）学事出版，1996年。
　　　　　　『中学校・高等学校ディベート授業がてがるにできるモデル立論集』（共著）学事出版，1999年。
　　　　　　『ディベートで学ぶエネルギー問題』（共著）全国教室ディベート連盟東海支部，2005年。
　　受賞歴　第24回全国中学・高校ディベート選手権（ディベート甲子園）「最優秀指導者賞・中学の部」全国教室ディベート連盟　2019年。

山田和美（やまだ　かずみ）　第9章
　　現　在　愛西市立佐織中学校（任期付任用教諭），NPO法人全国教室ディベート連盟東海支部スタッフ。
　　主　著　『ディベートで学ぶエネルギー問題』（共著）全国教室ディベート連盟東海支部，2005年。
　　　　　　『中学校・高等学校ディベート授業がてがるにできるモデル立論集』（共著）学事出版，1999年。

安田朋江（やすだ　ともえ）　終章
　　現　在　弁護士，椙山女学園大学・愛知淑徳大学・金城学院大学非常勤講師，愛知大学法科大学院教育補助教員，NPO法人全国教室ディベート連盟東海支部スタッフ。
　　主　著　『現代契約書式要覧』（共著）新日本法規出版，2019年。
　　　　　　『最新不動産契約書式集』（共著）新日本法規出版，1989年。
　　　　　　『誰にもわかる会社実務六法』（共著）新日本法規出版，1990年。

≪編著者紹介≫

吉田あけみ（よしだ　あけみ）

1986年　上智大学大学院文学研究科社会学専攻博士後期課程単位取得後退学。
現　在　椙山女学園大学人間関係学部教授、同大学トータルライフデザインセンター長、NPO法人全国教室ディベート連盟理事・東海支部支部長。
主　著　『ライフキャリアを考えるための論点10』編著、ミネルヴァ書房、2022年。
　　　　『ネットワークとしての家族』共編著、ミネルヴァ書房、2005年。
　　　　『家族データブック』共著、有斐閣、1997年。
受賞歴　「ディベート教育功労賞（松下賞）」松下電器産業株式会社・全国教室ディベート連盟・読売新聞社　2006年。

	現代社会を生き抜く力が身につく 実践・ディベート入門
	2025年3月31日　初版第1刷発行　　〈検印省略〉
	定価はカバーに表示しています
編 著 者	吉　田　あけみ
発 行 者	杉　田　啓　三
印 刷 者	藤　森　英　夫
発行所	株式会社　ミネルヴァ書房 607-8494 京都市山科区日ノ岡堤谷町1 電話代表　(075)581-5191 振替口座　01020-0-8076

©吉田ほか，2025　　　　　亜細亜印刷・吉田三誠堂製本
ISBN978-4-623-09859-0
Printed in Japan

ライフキャリアを考えるための論点10
──ライフスタイルの選択
吉田あけみ 編著
Ａ５判・192頁
本　体 2600円

大学生のための「キャリア開発の教科書」
宗方比佐子・鶴田美保子 著
Ｂ５判・128頁
本　体 2200円

大学生のためのトータルライフデザイン
──人生を設計するワークブック
藤岡阿由未・藤原直子 編著
Ｂ５判・106頁
本　体 2000円

キャリア心理学から読み解く　女性とリーダーシップ
宗方比佐子 著
Ａ５判・304頁
本　体 2800円

知的技法としてのコミュニケーション
──「話す力」は「生きる力」
児島健次郎 編著
Ａ５判・292頁
本　体 2800円

ワークライフ・インテグレーション
──未来を拓く働き方
平澤克彦・中村艶子 編著
四六判・338頁
本　体 3200円

―――― ミネルヴァ書房 ――――
https://www.minervashobo.co.jp/